SkyLimited 税理士法人
夏山宗平
芝　清隆
JBL MEKONG
藪本雄登

カンボジア
進出・展開・撤退の実務

投資・労働法務、会計税務

同文舘出版

はしがき

　本書は，カンボジア進出に関心のある企業法務，経理担当者や中小企業の経営者等を対象に，実務書として手元に置いて使っていただけるような，カンボジア進出，展開の実務バイブルとなることを目指して，執筆したものです。

　すでにアジア新興国に進出していた企業はもちろんのこと，近年では，アジア新興国と縁の薄かった国内企業や中小企業も国際競争にさらされるようになり，また国内市場が縮小する中で，アジア新興国に進出せざるを得ない分野も増えてきています。このような状況の中，私たちがカンボジア現地にて培った知識や実務経験を読者の皆様に共有することにより，カンボジアという国が海外進出検討先の一つに加えていただけるのではないか，そうした思いから本書の出版を考えました。

　カンボジア投資法制の最大の特徴は，投資家にとって，メコン地域で最も進出ハードルが低い制度設計になっていることです。基本的に外資規制がほとんどなく，国内，外国投資家を平等に取り扱う国は，アジア新興国の中でカンボジアが唯一ではないでしょうか。

　2010年以降，カンボジアに対する日系企業の投資は急拡大しています。特に，カンボジアの製造業に関し，これまでは縫製・製靴業のみであったものが，日系企業の進出により電子部品，自動車部品，金属製品，精密機械などの業種に拡大し，カンボジアにおける産業の多角化と輸出先の多様化に貢献しています。商工会加入企業数については，2007年には34社であったものが，2014年2月時点では正会員117社，準会員28社，合計145社と大幅に増加しています。

　さらに、2012年から2013年にかけての日系大手商業施設の進出、それに伴う特に中小，個人企業を中心とした，物販，飲食業などのサービス業の進出が相次いでいます。これまでの「製造業のカンボジア」に加え，「内需のカ

i

ンボジア」の実現に向けて，着実に進化を遂げつつあり，今後の成長が楽しみな東南アジア新興国の一つなのです。

　本書は，私たちがカンボジアに進出して以降，同国の法制度を理解し実務を行う中で，現地の政府機関や現地パートナーの協力により積み上げてきた軌跡でもあります。カンボジアという国単独の法制度，税制等について，詳細な情報を著作物として提供するのは，日本国内では初めての試みではないでしょうか。

　本書によって，私たちが現地に根ざした活動を行っている中で，日々切磋琢磨して得た法制度などの知識や実務経験を踏まえ，日系企業の方々が安心してカンボジアに進出できるような同国の生の情報を提供することができれば幸いです。本書が多くの読者の方に役立つものであることを執筆者一同，心から祈っております。

　そしてさらに，日系企業の進出の加速化が日本の経済を牽引し，ひいてはカンボジア国の発展に寄与することを心より願っています。

　最後に，本書の刊行に際しご尽力いただいた関係各位に感謝の意を表します。また日常業務の合間をぬっての執筆作業であったことから，同文舘出版には何度もスケジュール変更をお願いし，ご迷惑をおかけいたしましたことをお詫び申し上げます。そのような中で執筆者達を叱咤激励し，また校正では一切手を抜かずに，最後の仕上げまでご協力いただきました専門書編集部の皆様に心より御礼申し上げます。

　2014年3月

執筆者一同

カンボジア進出・展開・撤退の実務●目次

序章 カンボジアの概要

1　カンボジアの地理について ……………………………………………… 2
2　気候 ……………………………………………………………………… 2
3　カンボジアの人口について ……………………………………………… 3
4　カンボジアの歴史について ……………………………………………… 3
5　カンボジアの民族および言語について ………………………………… 7
6　カンボジアの教育について ……………………………………………… 7
7　カンボジアの経済について ……………………………………………… 8
8　消費市場としてのカンボジアの優位性 ………………………………… 10
9　貿易 ……………………………………………………………………… 11
10　通貨 ……………………………………………………………………… 12
11　送金規制 ………………………………………………………………… 12

第1章 カンボジアの進出法務
―投資法務，会社法務，不動産法務，撤退法務―

第1節　投資法務の概要 ──────────────────── 14

1　投資環境 ………………………………………………………………… 14
2　カンボジア法に関する基礎情報 ………………………………………… 16
3　カンボジアの裁判制度 …………………………………………………… 18

第2節　進出形態の選択 ──────────────────── 23

1　外国法人に関する商業登記法の適用範囲 ……………………………… 23

iii

CONTENTS

  2 進出形態の概要 ……………………………………………………… 24

第3節 現地法人，支店，駐在員事務所の設立方法 ——— 32

  1 設立，登録に関する基礎情報 ……………………………………… 32
  2 現地法人の設立方法 ………………………………………………… 38
  3 支店の設立方法 ……………………………………………………… 41
  4 駐在員事務所の設立方法 …………………………………………… 42
  5 個別営業許可の取得 ………………………………………………… 43

第4節 外資規制 ——————————————————— 44

  1 外国投資に関する法律の概要 ……………………………………… 44
  2 投資関連法 …………………………………………………………… 45
  3 外資規制 ……………………………………………………………… 45

第5節 投資ライセンスの取得 ————————————— 47

  1 優遇措置（QIP）付与に必要な投資条件と制限 ………………… 47
  2 優遇措置の内容 ……………………………………………………… 51
  3 QIP取得手続 ………………………………………………………… 53
  4 必要書類と申請手続きの流れ ……………………………………… 54
  5 QIP資格の失効 ……………………………………………………… 56
  6 投資ライセンス取得後の義務 ……………………………………… 57

第6節 経済特別区（経済特区）————————————— 58

  1 概要 …………………………………………………………………… 58
  2 運営組織 ……………………………………………………………… 59
  3 優遇措置 ……………………………………………………………… 60
  4 その他規則 …………………………………………………………… 60

第7節 会社法制 ——————————————————— 62

  1 会社法に関する法制の概要 ………………………………………… 62

	2	株式 ……………………………………………………………………… 62
	3	機関 ……………………………………………………………………… 64

第8節　不動産法務 ──────────────────────── 70

1	土地制度 …………………………………………………………………… 70
2	カンボジアの土地制度の歴史 …………………………………………… 70
3	土地利用 …………………………………………………………………… 71

第9節　撤退法務 ───────────────────────── 78

1	解散手続 …………………………………………………………………… 78
2	破産手続 …………………………………………………………………… 79

第2章　カンボジアの労働法務

第1節　労働に関する法制度の概要 ───────────────── 82

第2節　労働者の雇用 ─────────────────────── 83

1	外国人労働者 ……………………………………………………………… 83
2	児童労働 …………………………………………………………………… 85
3	障害者の雇用 ……………………………………………………………… 85
4	健康診断 …………………………………………………………………… 85

第3節　外国人労働許可証の取得 ────────────────── 86

第4節　雇用の分類，形態 ───────────────────── 90

1	雇用契約の分類 …………………………………………………………… 90
2	雇用の分類 ………………………………………………………………… 91

v

CONTENTS

第5節　雇用の開始，中断，終了 ―― 93
1 労働契約の開始 ……………………………………… 93
2 労働契約の中断 ……………………………………… 93
3 労働契約の終了 ……………………………………… 94

第6節　賃金に関する規定 ―― 100
1 最低賃金 …………………………………………… 100
2 皆勤手当 …………………………………………… 102
3 年功手当 …………………………………………… 102
4 残業手当 …………………………………………… 103
5 健康手当 …………………………………………… 103
6 居住および通勤手当 ………………………………… 103
7 賃金の支払 ………………………………………… 104
8 賃金の控除 ………………………………………… 104
9 賃金に関する説明義務 ……………………………… 104

第7節　労働時間に関する規定 ―― 105
1 労働時間 …………………………………………… 105
2 時間外労働 ………………………………………… 105
3 夜間労働 …………………………………………… 106
4 週休 ………………………………………………… 107

第8節　休暇に関する規制 ―― 108
1 祝日 ………………………………………………… 108
2 年次有給休暇 ……………………………………… 109
3 特別休暇 …………………………………………… 110
4 病気休暇 …………………………………………… 110
5 出産休暇 …………………………………………… 110

第9節　労働組合および労働者代表に関する規定 ─── 112

第10節　社会保障制度に関する規制 ─── 113

1　社会保障制度に関する法制度 ……… 113
2　労働災害給付金 ……… 115
3　年金制度 ……… 116
4　その他社会保険制度 ……… 116

第11節　労務災害に関する規制 ─── 117

1　労働災害の定義 ……… 117
2　雇用主側の義務 ……… 117
3　労働災害補償 ……… 117

第12節　労働安全衛生に関する規制 ─── 120

第13節　労働争議と労働仲裁に関する規制 ─── 123

1　個別労働争議 ……… 123
2　集団労働争議 ……… 123
3　労働仲裁 ……… 125
4　ストライキおよびロックアウト ……… 126

第14節　（労働省発行）書類の管理, 記録, 掲示 ─── 127

第15節　就業規則の作成および掲載 ─── 128

1　就業規則の内容 ……… 128
2　就業規則の作成および修正 ……… 129
3　就業規則の掲載 ……… 130

CONTENTS

第3章　カンボジアの会計税務

第1節　租税体系および概要 ─── 132

1. 税金の種類 ………………………………………………………… 132
2. 直接税および間接税 ……………………………………………… 136
3. 課税様式（税の申告と納付について）………………………… 136

第2節　法人にかかる税務 ─── 139

1. 法人税務の概要 …………………………………………………… 139
2. 前払法人税・ミニマム税 ………………………………………… 143
3. 源泉徴収税 ………………………………………………………… 145
4. 付加価値税の納付 ………………………………………………… 152
5. 給与税の納付 ……………………………………………………… 158
6. 福利厚生費 ………………………………………………………… 166
7. 損金および益金に関する事項 …………………………………… 167
8. 欠損（Losses）…………………………………………………… 171
9. 特別償却（Special Depreciation）…………………………… 171
10. 取引価格（Transfer Pricing）………………………………… 171

第3節　個人にかかる税務 ─── 173

1. 個人の所得にかかる税金の概要 ………………………………… 173

第4節　関税およびその他の税金 ─── 174

1. 関税（Import & Export Duty Tax）………………………… 174
2. 特別税（Specific Tax on Certain Merchandise and Service）……… 175
3. 公共照明税（Public Lighting Tax）………………………… 177
4. 宿泊税（Accommodation Tax）……………………………… 179

5　その他の税 ··· 180

第5節　税務調査および罰則等について ──────── 183

　　1　税務調査の概要 ··· 183
　　2　提出資料等 ··· 183
　　3　税務調査の流れ ··· 184
　　4　罰則等 ·· 184

第6節　その他の関連事項 ───────────────── 186

第7節　月次申告について ───────────────── 187

第8節　年次申告について ───────────────── 206

補章　カンボジアへの進出事例

事例　1　Minebea Co., Ltd. ───────────────── 224

事例　2　浦江亭 ─────────────────────── 230

索引　237

序章

カンボジアの概要

序　章　カンボジアの概要

1　カンボジアの地理について

　カンボジアはインドシナ半島の西南部に位置しており，ベトナム（1,270km），タイ（805km），ラオス（540km）の3ヵ国と接する国境は，全長2,615kmに及びます。国土の総面積は約18万平方キロメートルで，日本と比較すると約半分，タイと比較すると約3分の1の広さです。

図表序-1　カンボジアの地理

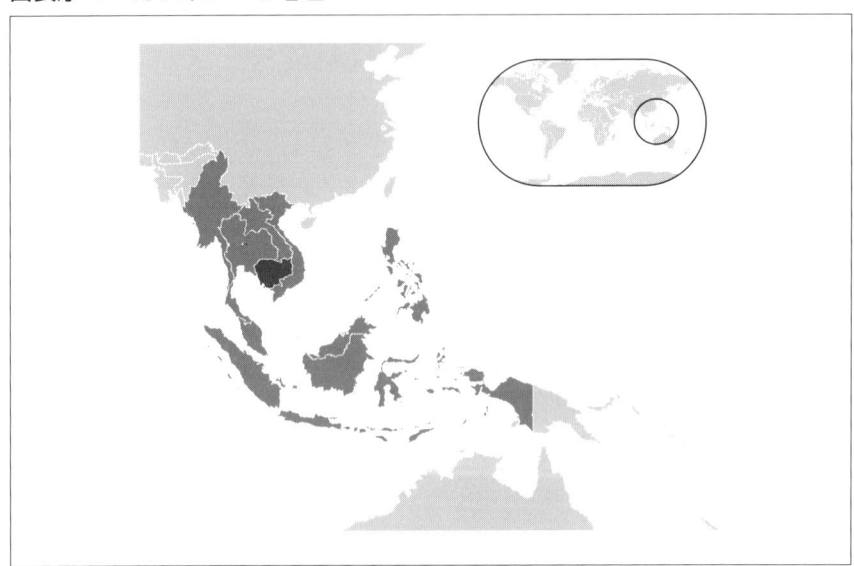

出所：「カンボジア投資ガイドブック」カンボジア開発評議会，2010年1月。

2　気候

　カンボジアは北緯11度から15度に位置しています。熱帯気候でモンスーン気候帯に属し，5月下旬から10月下旬が雨季にあたり，暖かく湿った南西の季節風が入り込みます。11月から5月中旬は乾季にあたり，浦東風と呼ばれる乾いた風が吹きます。雨量のピークは9月頃で，海岸地域では8月頃にな

2

ります。雨季ではタイ湾岸から入り込む風の影響で気温は22度程まで下がり，乾季には北東から吹く風のため40度程まで上昇します。プノンペンでは，年間平均気温が28度，乾季と雨季の境目の4月が最高気温（25〜35度）で，乾季の11月に最低気温（23〜30度）となります。雨季にはメコン川で水位が上昇しトンレサップ湖に逆流し，湖面積がほぼ10倍に拡大します。降雨量は地域によって差が大きいものの，1日中雨が降り続けるのではなく，時折強い雨が降るスコールが頻発します。また，これらの降雨量が農業生産を左右する最大の要因といわれており，1〜2週間雨が降らない小乾季の時期には，作付けや成育に大きな影響をもたらすといわれています。

3 カンボジアの人口について

　カンボジアの人口は1,470万人で（2013年現在）で，首都プノンペンには約220万人の人びとが居住しています。また，図表序-2にある人口分布図からもみてとれるように，プノンペン近郊に人口が集中しています。プノンペン中心部には多くの商業施設が立ち並んでいますが，実際は国土のほとんどが農地であり，人口の85〜90％程が農村地帯に居住しています。図表序-3にある人口構成図を年齢別でみると，若年人口（20歳以下）が総人口の50％以上を占めており，平均年齢も20代前半となっています。

4 カンボジアの歴史について

　カンボジアの歴史は，先史時代，アンコール時代，近代史，現代史と大きく4つの時代区分に分けられます。ここでは19世紀以降の変遷の概略を以下にみていきます。
　まず，19世紀中期にフランスによる植民地政策が始まり，1863年にはフランスとの間で保護条約が締結されました。これにより，カンボジアはフランスの保護国としての歴史がスタートしました。保護条約の締結初期は，シャム（現在のタイ），ベトナムの支配から解放されたと解釈されていましたが，

序　章　カンボジアの概要

図表序-2　人口分布図

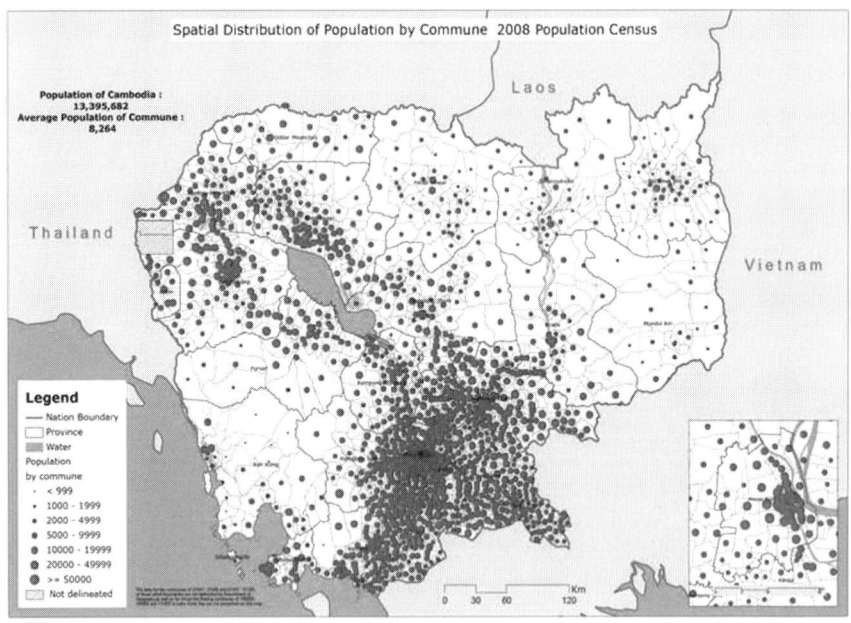

出所：JICA資料。

図表序-3　人口構成図

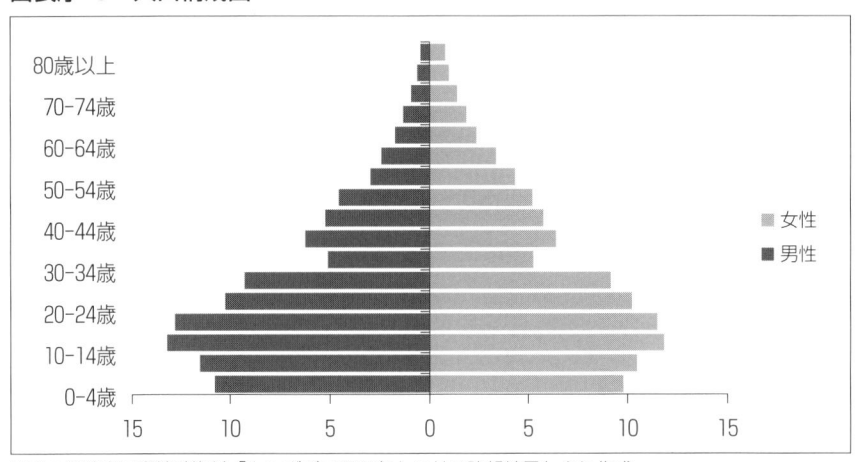

出所：総務省国際統計資料「カンボジア2008年センサス確報結果」より作成。

徐々にフランスはカンボジアでの植民地政策を強化していきました。その後，1884年のフランス・カンボジア協約で，カンボジアの主権は完全に抹消され，仏領インドシナの一部となりました。1941年，18歳で王位についたノロドム・シハヌーク国王が独立運動を展開し，1949年には部分的独立，1953年11月9日には「カンボジア王国」として完全独立を勝ち取ることとなりました。

　独立後は，シハヌーク国王の統治の下，非同盟中立外交が推進され，食糧も豊富で平和かつ発展の時代が続きました。しかし，1965年にベトナム戦争が勃発することとなり，当時北ベトナムを支持していたカンボジアは，南ベトナムを支援するアメリカと国交断絶に至り，インドシナ戦争に巻き込まれることとなりました。1968年にはアメリカ軍の空爆を受けるようになり，国内情勢は不安定な状況に追い込まれました。1970年には，シハヌーク国王の外遊中に親米派のロン・ノル首相による軍事クーデターが勃発しました。その結果，シハヌーク国王は追放され，共和制の「クメール共和国」が樹立されました。

　1970年10月に新政府を樹立したロン・ノル体制でしたが，農民を中心とする国民の多くはシハヌーク元国王を支持しており，各地で反政府デモが頻発することとなります。その背景には，ロン・ノル政権がアメリカを後ろ盾とした親米政権であったため，ベトナム戦争中当時にアメリカ軍のカンボジア領域内の侵攻と爆撃を黙認したという経緯があります。その攻撃により，カンボジアは農村部を中心に激しい空爆にさらされたため，国民の反政府感情は徐々に高まっていきました。そんな中，反ロン・ノル勢力で共産主義のクメール・ルージュ（カンボジア共産党）が次第に勢力を伸ばすこととなります。

　一方，北京に亡命していたシハヌーク元国王は亡命政府「カンボジア王国民族連合政府」を樹立します。国外より国民へ政権打倒を訴え，クメール・ルージュを支持します。その結果，1975年4月ついにクメール・ルージュを中心とした「カンボジア民族統一戦線」がプノンペンに入城し，ロン・ノル政権は崩壊することとなりました。

　圧倒的な支持を得て政権に就いたクメール・ルージュでしたが，その後間

序　章　カンボジアの概要

もなくポル・ポト政権による「恐怖政治」が始まりました。クメール・ルージュは極端な毛沢東主義に傾倒した共産主義で，プノンペン市民は1人残らず農村部の集団キャンプへ強制移住させられ，農業による自給自足，宗教の禁止，貨幣の廃止，中国を除いた外国との国交も絶つまでに至りました。都市住民や旧支配階層，知識階級者は身分・財産を剥奪され，大量虐殺が発生しました。また，全国で灌漑水路が建設されましたが，無計画・無設計で行われたため，農業インフラが機能しなくなり深刻な食糧危機も発生しました。餓死や病死もあわせると，死者は3年半の間に100万人以上にのぼったといわれています。

その後，ポル・ポト政権は次第に内部抗争で分裂し，一部の党幹部が編成した「カンボジア救国民族統一戦線」が社会主義国家「カンボジア人民共和国」を樹立しました。

しかしその後も国内の治安は安定せず，対立政権による激しい内戦が繰り広げられることとなります。1989年になってようやくベトナム軍が撤退し「カンボジア国」と国家名が改称されました。その後，次第に和平ムードが高まっていき，1991年には「パリ和平協定」が調印されました。

パリ和平協定によって内戦が終結したカンボジアでは，国連主導による国家再建が開始されました。国連による平和維持活動（PKO）によってUNTAC（国連カンボジア暫定統治機構）が設立され，日本からも自衛隊が派遣されました。1993年にはUNTAC監視の下，国民総選挙が行われ，同年9月21日には立憲君主制，民主主義，自由市場経済を標榜する新「カンボジア王国憲法」が公布，翌年にはノロドム・シハヌークが国王に復位して，「新生」カンボジア王国が再建されました。

総選挙の結果を受けて，フンセンペック党とカンボジア人民党の連立政権が成立し，ラナリットとフンセンの二重首相体制が布かれました。王国発足後もしばらくクメール・ルージュの残党による戦闘が続いていましたが，同年ポル・ポトが死亡し，ようやくカンボジアに平和が訪れました。

国王シハヌークは2004年に息子のノロドム・シハモニ王子に王位を譲り，同年10月29日に戴冠式が行われています。

5　カンボジアの民族および言語について

　カンボジアは多民族国家であり，国民の約90％はクメール族で構成されています。その他の民族としてはチャム族，ベトナム系，中国系住民など36の少数民族が人口の10％を占めています。カンボジア国内で最も話されている言語はクメール語（カンボジア語）で，公用語として1993年公布のカンボジア王国憲法第5条で規定されおり，その他の少数民族言語にはチャム語などがあります。高齢者や特別な職業（医師など）の間ではフランス語がある程度通じますが，現在若年層の間で最も話されている外国語は英語となっています。

6　カンボジアの教育について

　カンボジアにおける現行の教育システムは，初等学校（6年制），中等学校（3年制），高等学校（3年制）および大学（4年制）となっており，カンボジア憲法第68条では国民の教育を受ける権利の保障が掲げられています。初等から中等教育の9年間は義務教育にあたり，学費は免除されるものの，教科書や文具を購入するための教材費は現状自己負担しなければなりません。若年層の識字率は低くはありませんが，45歳以上の識字率はクメール・ルージュ時代に教育が制限されていた影響もあり21％と低水準にとどまっています。2004年時点の調査では，15歳以上の識字率は男性84.7％，女性64.1％でした。また，2005年時点の初等教育純就学率は91.9％，中学校教育就学率は男子57％，女子16％（1998-2002年）となっています。最近ではインターナショナルスクールなども開校されており英語教育も活発になりつつあります。

序　章　カンボジアの概要

7　カンボジアの経済について

　国際通貨基金（IMF）によると，2012年時点のカンボジアGDPは142億米ドルで，1人当たりGDPは933USドルでした。これは世界平均の10％に満たない水準といえます。また，2011年に発表されたアジア開発銀行の資料によると，1日2ドル未満で暮らすカンボジア貧困層は828万人と推定されており，国民の半数を超える計算になります。国連の基準では，いまだ後発開発途上国に位置づけられています。
　主幹産業としては農業，縫製業，建設業，観光業があげられますが，このうち農業には総人口の7割が従事しています。2009年の経済成長率は世界経済危機の影響により－2％となったものの，翌年には6％台に回復し，2007年から2011年までの5年間の実質GDP平均成長率は6％を記録しています。現在の経済成長を支える大きな原動力は，縫製品や靴の輸出増加が大きく貢献しています。農業は2011年9月の洪水で大きな被害を受けたにもかかわらず同年3％台成長をみせ，観光業もアジアを中心とした観光客が堅調な伸びをみせています。インフレ率については，近年安定傾向をみせ2012年は年率2.9％にとどまっています。経常収支および財政状況は慢性的に赤字であり，2012年では，前者は10.0％（GDP比），後者は3.2％（GDP比）となっていますが，近年海外直接投資が順調に増加しており，今後は安定した経済成長が見込まれています。
　また貧困国とされてはいますが，近年の諸外国からの投資の伸びを皮切りに，各国の大手企業の生産工場やカンボジア国内での不動産開発が目立ち始めています。

序　章　カンボジアの概要

図表序-4　1人あたりGDP推移

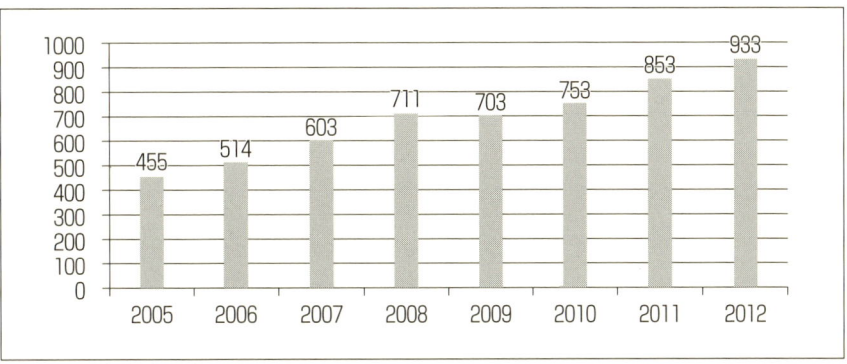

出所：カンボジア商業省。

図表序-5　GDP実質成長率の推移

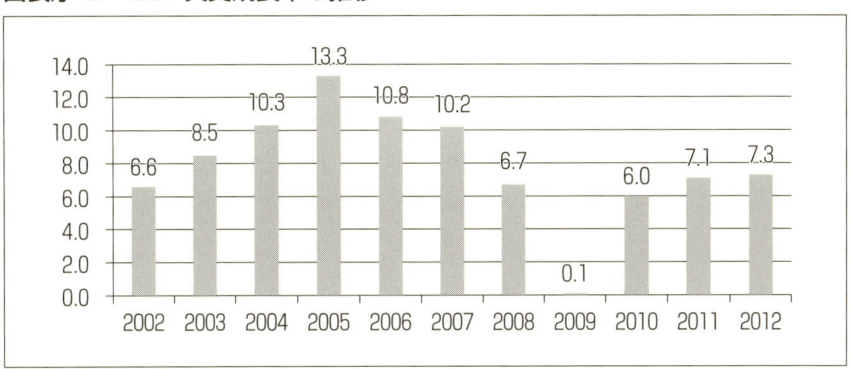

出所：カンボジア商業省。

序　章　カンボジアの概要

8　消費市場としてのカンボジアの優位性

　カンボジアの若年層の消費意欲は比較的に高いといわれています。今後も人口の安定した増加が見込まれていることから，それにあわせて消費市場も拡大に向かうとみられています。また首都プノンペン市内の世帯所得の高さも注目されています。カンボジア全体でみると月間世帯収入が約0〜400USドルの人びとが88％を占めていますが，プノンペン中心部1km圏内の月間世帯収入は2,000USドル以上が約14％，800USドル以上が61％を占めています。また，5km圏内でも月間世帯収入は400〜2,000USドルが78％を占めるといわれています。昨今の経済発展にともない，これらの数字は今後も増加傾向をみせることが期待され，ここに消費市場としてのカンボジアの優位性（将来性）があると考えられます。

図表序-6　ワーカー（一般工職）月額基本給

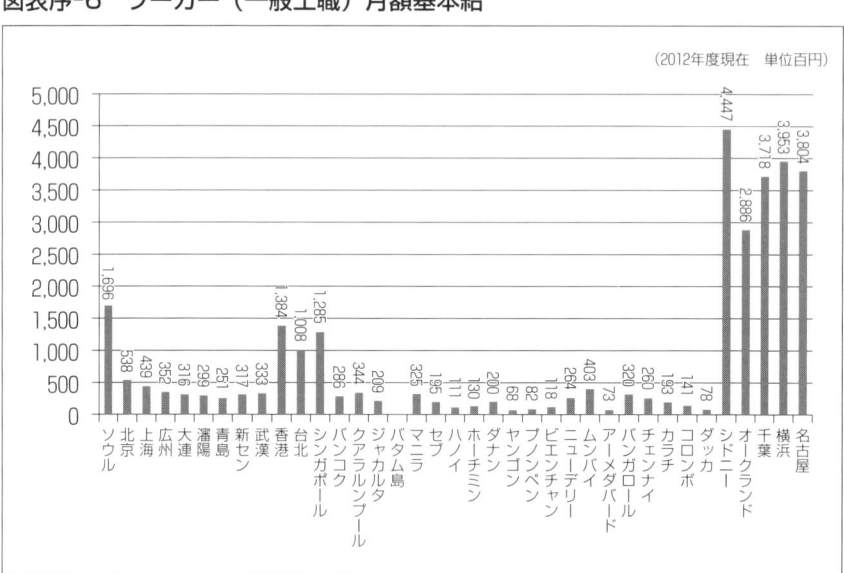

出所：JETRO在アジア・オセアニア日系企業活動実態調査，2012年4月。

序　章　カンボジアの概要

9　貿易

　2012年度のカンボジアの輸出総額は51億USドル，輸入総額は69億USドルとなっており，毎年堅調に数字を伸ばしています。主な輸出品目は衣類（55.1％），ゴム（2％），また，輸入品目は織物（37％），石油製品（14％），車輌（4％），煙草（2％）の順となっています。図表序-7をみてもわかるよう

図表序-7　主貿易輸出国2012年度

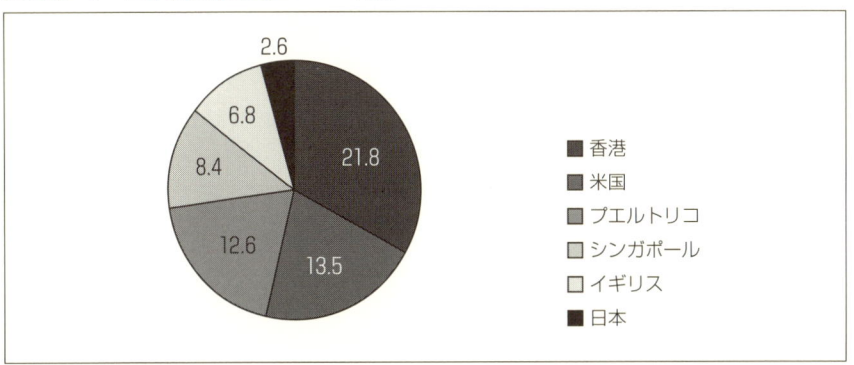

出所：カンボジア商業省。

図表序-8　主要貿易輸入国2012年度

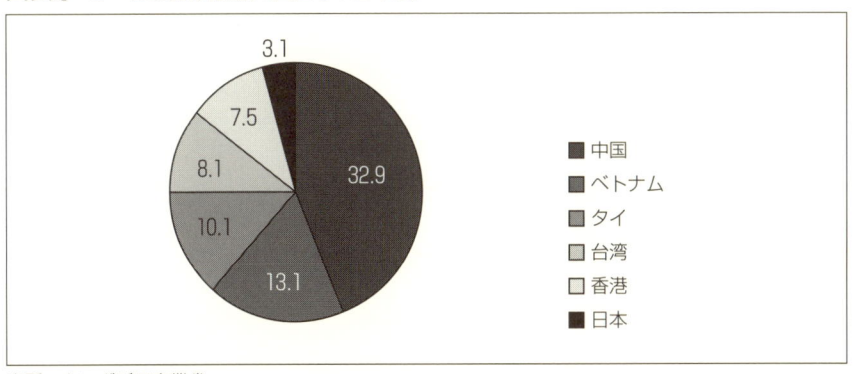

出所：カンボジア商業省。

11

に輸出先国でみると，香港（21.8％），米国（13.5％），プエルトリコ（12.6％）と続いており，日本は（2.6％）（第8位）に位置しています。また図表序-8をみてもわかるように輸入先国でみると，中国（32.9％），ベトナム（13.1％），タイ（10.1％）が多くを占め，日本は（3.1％）（第8位）となっています。

10 通貨

　カンボジアには「リエル」という通貨が存在しますが，経済的な理由によりUSドルが一般的に使用され，リエルはその補助通貨として使用されるにとどまっています。ポル・ポト政権下の1978年，原始共産主義的政策の一環としてすべての通貨が廃止され，同政権崩壊後の1980年に復活しました。またリエルは紙幣のみで硬貨の取扱いはありません。一般市場でもドルが流通していることから国際間取引だけでなく，スーパー，一般の店舗でもドル表記のところが多くみられます。両替レートは1USドル＝約3,900〜4,100リエルで変動していますが，市場では1USドル＝4,000リエルで固定されています。

11 送金規制

　海外為替取引や送金規制は運用上ほとんどなく，各国銀行の多くも支店を開設しており日系の銀行もカンボジアの大手銀行と業務提携を結んでいます。そのため外国企業は進出にあたり不自由なく送金が行えている状況となっています。また各銀行のUSドルやリエルでの預金金利も5％前後（2013年度現在）と高い水準です。またマイクロファイナンスでも12〜18％（2013年度現在）と比較的高い貸付金利となっています。

第1章

カンボジアの進出法務
―投資法務，会社法務，不動産法務，撤退法務―

第1章　カンボジアの進出法務

第1節　投資法務の概要

1　投資環境

　カンボジア進出に際して，外国法人，内国法人にかかわらず，以下の法令に準拠しながら，進出形態や進出計画を検討する必要があります。
- 投資法（Law on Investment）
- 改正投資法（Law on the Amendment to the Law on Investment）
- 改正投資法施行に関する政令NO.111（Sub-Decree No.111 ANK/BK on the implementation of the Amendment to the Law on Investment of the Kingdom of Cambodia）
- 商業規則と商業登記に関する法律（Law on Commercial Rules and Commercial Register）
- 商業規則と商業登記に関する改正法（Law on the Amendment of the Law on Commercial Rules and Commercial Register）
- カンボジア会社法[1]（Law on Commercial Enterprise）
- その他関連細則など

　カンボジア王国が国家として投資を奨励している分野は，農業，観光業，天然資源開発，縫製業や製靴などの労働集約型産業です。カンボジア政府としては，今後の展開として，精密機械などの電子，電気分野，天然ガスや石炭などの資源開発分野について，特に積極的に誘致を推奨しています。
　カンボジア投資法制の最大の特徴は，メコン地域で投資家にとって，最も

---

1) 「カンボジア会社法」日本語訳JETROウェブサイト　JB Legal Consultancy翻訳（http://www.jetro.go.jp/world/asia/kh/law/）で確認可能。

進出ハードルが低い制度設計になっていることです。基本的に，外資規制がほとんどなく，国内，外国投資家ともに平等に取り扱いを受けることが特徴です。例外としては，土地保有に関する制限があるのみで，工業，サービス，天然資源関連産業など，ほぼすべての産業や事業に投資することが可能です（一部規制される分野も実務，実態上存在し始めています）。

資本金額に関しては，1,000USドルから会社設立が可能であり（会社法144条），資金的にもハードルが低い設計となっています。軽工業，重工業や農業などの特定業種に関しては，優遇措置の適用もあり，法人税や輸入，輸出関税などの免除措置を受けることも可能となっています。

さらには，株主や取締役にローカル（カンボジア国籍の方）の参加やパートナーシップの締結は特に必要とされておらず，外資100％での進出が可能となっているところも魅力の1つです。

資本の移動や外国為替に関する規制についても，他の東南アジア諸国と比較して，ほぼ制限がありません。また雇用，労働に関する規制についても，縫製・製靴工場従事者を除いては，最低賃金などの規制がなく，その他東南アジア諸国と比較的しても，それほど厳しいわけではないと理解しています。

カンボジアへの投資状況については，2000年半ばより中国，韓国系企業による大型不動産投資が開始されましたが，雇用創出，技術移転や外貨獲得には寄与していない状況でした。日系投資に関しては，2010年より製造分野でのカンボジア投資が急拡大しています。カンボジアの製造については，今まではほとんど縫製・製靴業のみでしたが，日系企業の進出により電子部品，自動車部品，金属製品，精密機械などの業種での投資が始まり，カンボジアの産業の多角化と輸出先の多様化に貢献しています。商工会加入企業数をみても，2007年には34社だったものの，2014年1月現在では正会員117社，準会員28社，合計145社まで増加しています。

2012年，2013年にかけて，日系大手商業施設の進出，それに伴い特に中小，個人企業を中心として，物販，飲食業などのサービス業の進出が相次いでおり，「製造業のカンボジア」に加えて，「内需のカンボジア」に向けて，着実に成長しつつあります。今後の成長が楽しみな東南アジア新興国の1つであ

るといえます。

2 カンボジア法に関する基礎情報

(1) 歴史，法源

　カンボジアでは，ポル・ポトによる知識人の大量虐殺の結果，司法や法律分野での知識人はほぼ生存しておらず，法制度の現状および進展に大きな影響を与えています。1993年の新憲法の制定に伴い，三権分立が規定され，徐々に司法制度が形作られてきています。もっとも，法学教育を受けた人材が少なく，裁判実務や法律の運用に際しては混乱が生じています。判例の集積も限られており，裁判は裁判官の属人的判断によるところが大きいのが実態です。

　カンボジアの現在の法体系は，フランスによる占領の歴史を背景に，フランス準拠の法制度（フランスは大陸法系：シビルロー）が軸となっていますが，土地や投資関連などコモンロー（英米法）が取り入れられている分野もあります。カンボジア法体系は，外国人投資家にとって必ずしもわかりやすいものとはいえませんが，2004年のWTO（世界貿易機関）加盟や，複数の主要法令の採用を機に，複雑さが徐々に緩和されつつあります。

(2) 法律のヒエラルキー

　カンボジアの現在の法律・法規の序列は以下のようになっています。

---

① 憲法（The Constitution）：1993年に制定された，カンボジアにおける最高法規。

② 国際条約・協定（Treaties and Convention）：憲法26条によれば，下院と上院の承認に基づき国王が署名し批准する。批准後において国際条約（2国間または多国間）・協定は法律とみなされ，司法上の準拠基準の1つとなる。

③ 法律（Chhbab: Law）：国民議会により採択される法規。

④　勅許（Royal Kram: Preah Reach Kram およびRoyal Decree:Preah Reach Kret）：国王が憲法で認められた権限に従い国王の名により発する命令。

⑤　政令（Au-Kret: Sub-Decree）：閣議での採択に基づき首相により署名される。閣議で採択されなかった場合には，首相と主管大臣の署名が必要となる。首相は法令で定められた権限内で政令を発布することができる。

⑥　省令（Prakas: Ministerial Order）：法令に定められた権限内において政府の閣僚により発せられる。

⑦　決定（Sechkdei Samrech: Decision）：「Decision」は首相により，「Prakas-Deika」は閣僚または知事により，法令に定められた権限に基づき発せられる。

⑧　告示（Sarachor: Circular）：一般的に，特定の法制度を説明したり明確にしたりするため，あるいは指示を与えるために，政府の長としての首相が，あるいは省庁の責任者としての大臣が発布する。

⑨　州令（Arrete: Provincial Deka）：州の領域内において有効であり，州知事が発布する。

出所：「カンボジア投資ガイドブック」カンボジア開発評議会，2013年。

（3）　法令整備の現状

　カンボジアは2004年，貿易自由化を進めるためにWTOに加盟加入し，これを契機に，司法，法令制度の刷新が始まりました。以来，カンボジア政府は法整備にあたって，1975年以前のフランス民法と英米法の両者の理念を生かしつつ，東南アジア諸国連合（ASEAN）各国の法制度との整合性をとることに注力しています。

　新たに作成または公布された法令としては，以下があげられます[2]。

---

2) 各種法令はカンボジア開発評議会（CDC）のウェブサイト（http://www.cambodiainvestment.gov.kh/ja/laws-regulation.html）で確認可能。

- 会社法（Law on Commercial Enterprises）
- 有価証券及び支払取引法（Law on Negotiable Instruments and Payment Transactions）
- 担保取引法（Secured Transactions Law）
- 破産法（Insolvency Law）
- 関税法（Customs Law）
- 標準法（Law on Standards）
- マネーロンダリング及びテロ資金防止法（Law on Anti-Money Laundering and Combating the Financing of Terrorism）
- 外資規制法（Foreign Ownership Law）
- 収用法（Expropriation Law）
- 反汚職法（Anti-corruption Law）など

　その他日本政府（JICA）の支援により2011年12月には「民法（Civil Code）」[3]，2013年1月には不動産登記共同省令が施行され，2010年12月にはフランスの支援により「刑法（Penalty Code）」などが施行されています。今日のカンボジアの法制度の主幹は，これらの新たな法律の導入によるところが大きいといえます。カンボジアの法整備は，日本やフランスのみならず多様な支援主体が，異なる省庁に対して支援を行っています。その他商契約法（Commercial Contract Law）や公証法（Notary Publich Law）等の法令の成立が予定されています。

3　カンボジアの裁判制度

(1) 裁判制度

　現在のカンボジアの裁判所は三審制を採用しており，各地方にある23か所

---

3) 財団法人国際民商事法センターのウェブサイト（http://www.icclc.or.jp/data/index.html）。

の第一審法廷と，上訴裁判所1か所，最高裁判所1か所から構成されています[4]（図表1-1）。

上訴裁判所は，法律および事実を審理し，最高裁判所は，法律に関する問題のみを取り扱うよう設計されています。法令の合憲性を判断する機関として，憲法制定評議会（Constitutional Council）が設置されています。

商事訴訟の多くは，プノンペン市裁判所で裁判が行われており，下級裁判所は通常，民事，刑事，商事の紛争を区別なく取り扱っています。

地方裁判所の判決に対し異議がある訴訟当事者は，上訴裁判所に上訴を行い，上訴裁判所は法律問題および事実認定について審理を行います。

上告は最高裁判所に持ち込まれますが，通常は，法律に関する問題のみが付託されます。最高裁判所が再審を求めて上訴裁判所に案件を差し戻し，上訴裁判所の判決が最高裁判所に再度上告された場合を除いて，最高裁判所が事実確認を繰り返すのはきわめて稀となっています。

カンボジアの司法制度は現在，判事やあらゆるレベルの職員の再教育を進めるなど，大幅な改革が行われています。判事や検察官，裁判所書記官，廷吏などの育成は，唯一，2002年に設立された王立裁判所専門家養成校（Royal School for the Court Profession）で行われています。上記養成学校でもJICAを通じて，日本の法律専門家が，司法教育を支援しています。

①プノンペン第一審裁判所[5]

プノンペンの第一審裁判所は，裁判官25名，書記官143名，検察官17名，その他スタッフ約60名から構成されています。事件数は，2011年のデータでは，民事事件2,053件，刑事事件2,196件であり，2010年のデータと比較しても事件数は急増しています。

---

[4] 松尾弘「カンボジア王国の司法アクセスの状況に関する調査研究報告書」慶應義塾大学大学院法務研究科，2013年3月8日。
[5] 同上。

図表1-1　カンボジアの裁判システム

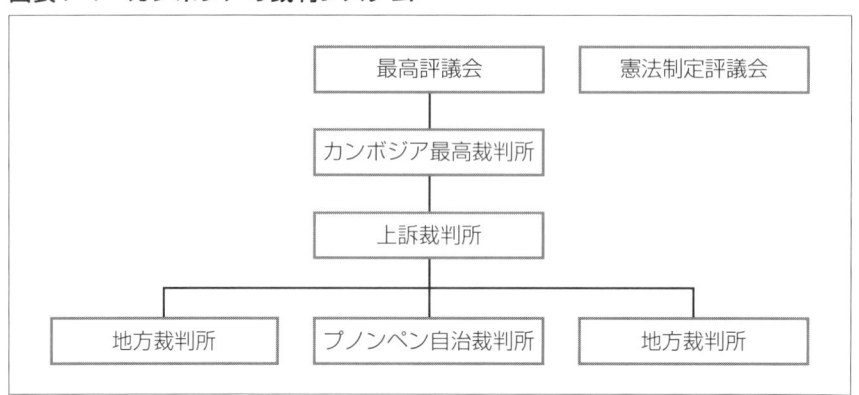

　民事事件の内容としては，離婚事件と借金の返済をめぐる事件が大半を占めており，事件の処理に要する時間としては，和解で解決する場合は約1ヵ月以内で処理されています。複雑な事案や証拠が不十分である場合においては，2ヵ月から1年以上かかるケースもあります。

②**上訴裁判所**[6]
　上訴裁判所はプノンペンの司法省の敷地の中にあり，事件数は，毎年民事事件が約2,000件，刑事事件が約2,000件といわれています。
　事件の内容としては，契約，土地関係の紛争が大半を占めており，1件の事件処理に要する時間は，約2～3ヵ月が一般的です。

③**最高裁判所**[7]
　最高裁判所は，判事14名，検察官5名，書記官約30名，事務官約60名で構成されています。

---

6)　松尾弘「カンボジア王国の司法アクセスの状況に関する調査研究報告書」慶應義塾大学大学院法務研究科，2013年3月8日。
7)　同上。

年間の事件数は，民事事件で約500件，刑事事件で約300件です。1つの事件の解決には，約4ヵ月を要するといわれています。

民事事件の内容としては，上訴裁判所と同様に土地に関する紛争，契約に関する問題が大部分を占めています。

④強制執行[8]

プノンペン第一審裁判所のデータによれば，2011年に保全手続きの申請が437件あり，強制執行が認められたのは258件，うち241件が実行されています。

数字上では比較的，強制執行が実行されているともいえますが，財産の評価基準が不明確であったり，不動産の所有権を明確にする際に地籍管理所から協力を得られなかったりする場合があるため，かなりの時間と労力を要します。また，執行対象の物件からの立ち退きに時間と費用がかかるため，最終的には権利を放棄したり，諦めるケースも多いのが実態です。

強制執行に関しては，通常専任の執行官が行うべき職務ではありますが，こうした執行官の養成が追いついていない状態であり，現在のところ，検察官が執行を担っています。カンボジアでは，強制執行に従事する人員の不足が問題となっています。

〈外国判決の承認・執行〉

外国判決は，民事訴訟法が定める条件を満たした場合にのみ認められる可能性があります。カンボジアで起こされた訴訟での証拠の一部として提示された場合においても，裁判所は判決の執行に関する合意をカンボジアとの間で行っていない国の判決について，執行を認めないことがあり得ます。何よりも，外国仲裁判決の執行に関する特定の条項については，民事訴訟法に定められているという点がポイントとなります。

---

[8] 松尾弘「カンボジア王国の司法アクセスの状況に関する調査研究報告書」慶應義塾大学大学院法務研究科，2013年3月8日。

(2) 仲裁制度

2006年5月6日には,「商事仲裁法（Commercial Arbitration Law）」が制定され,同法の下で,国立仲裁センター（National Arbitration Center：NAC）の設置が定められています。2009年8月12日,「国家商務仲裁センターの組織と機能に関する政令No.124（Sub-decree on the organization and functioning of the NAC）」が発令され,2010年半ば,国際金融公社（International Finance Corporation）および在カンボジア欧州委員会（European Commission）の支援を受け,商業省による初期仲裁員の選考に関する手続が定められています。

図表1-2　労働仲裁と商事仲裁の相違

項目	労働仲裁	商事仲裁
当事者	労働組合 VS 雇用者	会社 VS 会社
手続き	強制	任意
拘束力	（合意がないかぎりにおいて）拘束力なし	拘束力あり
所轄	労働仲裁委員会（ILO, 労働省, 労働組合, 経営者組合）	国立仲裁センター（商業省）
費用	（原則的に）費用負担なし	当事者による費用負担

〈外国仲裁判断の承認・執行〉

カンボジアはニューヨーク条約に加盟しており,カンボジア国内での外国仲裁判決の執行は可能です。外国仲裁判断は,「Law on Approval and Implementation of the Convention on the Recognition and Enforcement of Foreign Arbitral Awards」または「Law on Convention on the Settlement of Investment Disputes between States and Nationals of Other States」の法令の下で執行が行われます。少しずつですが,外国仲裁判断の執行が認められる事例が出始めています。

第2節 進出形態の選択

　カンボジアに進出する主な形態には，①駐在員事務所，②支店，③現地法人，④パートナーシップ，⑤事業協力契約，⑥個人事業者などの方法があります。①～④については，カンボジア会社法にて規定されています。⑤，⑥については，根拠法は存在していませんが，実態，実務上，存在しています。
　この点，適格投資プロジェクト（Qualified Investment Project：以下，QIP）の適用があるのは，③現地法人の形態だけであり，その他の進出形態においては適用されないので注意が必要です。

1　外国法人に関する商業登記法の適用範囲

(1)　適用範囲
　カンボジア会社法273条[9]によれば，「カンボジア王国内でいかなる事業活動（商行為）を行う外国事業者は，カンボジア商業登記法に従い，商業登記を行わなければならない」と規定されています。

(2)　「事業活動」の意義
　上記会社法273条のとおり，外国事業者が事業活動（商行為）を行っているかぎり，商業登記を行う必要があります。ここでいう「商行為」の意は，会社法272条によれば，次のとおり定義されます。
　外国事業者が，

9）「カンボジア会社法」日本語翻訳JETROウェブサイト　JB Legal Consultancy翻訳（http://www.jetro.go.jp/world/asia/kh/law/）で確認可能。

① 1ヵ月以上にわたり生産活動，加工作業のために事務所もしくはその他場所を賃借（英語：Rent）する場合
② 1ヵ月以上にわたりサービス提供を行う場合
③ 1ヵ月以上にわたりいかなる人材を雇用する場合，もしくは
④ カンボジア王国規制より外国法人および外国人に対して認可されているあらゆる活動を行う場合

したがって，上記の4要件のいずれかを満たす場合には，カンボジアにて商業登記をする必要があるといえます。

2 進出形態の概要

(1) 駐在員事務所[10]

駐在員事務所は，主に本国親会社の業務関連の連絡・情報収集を目的に設置されます。国内で商品の売買やサービス提供，生産・建設活動などを行うことは認められておりません。会社法274条によれば，その業務は市場調査の実施，展示会の開催などに限定されています。また，現地従業員との間の雇用契約，賃貸借契約（会社法274条，f項），水道光熱費の契約の締結などを除き，契約の主体になることはできません。

前述したとおり，駐在員事務所でQIPの適用を受けることはできません。

駐在員事務所は，課税対象となる事業活動が認められていないので，法人税の課税対象とはなりませんが，従業員給与に対する個人所得税，各種源泉徴収税および年間事業税に対する課税は行われますので，注意が必要です。

---

[10] 「カンボジア会社法」JETROウェブサイト　JB Legal Consultancy翻訳（http://www.jetro.go.jp/world/asia/kh/law/）274条以下。

図表1-3　駐在員事務所に関するまとめ

駐在員事務所の住所	カンボジア国内の住所を商業省および税務局に登録する必要があります。
駐在員事務所名	親会社の商号と同じである必要があります。親会社の商号の前に「駐在員事務所（Representative Office）」という名称を入れる必要があります（会社法276条）。
駐在員事務所の権能	市場調査，宣伝活動，連絡業務などに限られます。雇用契約，賃貸借契約，および水道光熱費の契約を除き，契約主体となることはできません（会社法274条）。
課税義務	法人税については対象外。給与税，源泉徴収税および年間事業税については課税対象となります。

　駐在員事務所に対する期間的な制限や延長は，特に会社法上において規定されていません。支店および現地法人への格上げは，所定の変更手続きをとれば基本的には認められています。

（2）　支店[11]

　外国会社は，カンボジア国内で支店を通じて事業を行うことができます。支店は，独立した法人格を有しておらず，債権債務は本国の会社に直接帰属します（会社法279条）。

　外国会社支店の権能は，カンボジア法令により外国企業に対して禁止されている行為を行わないかぎりにおいて，内資会社と同様に定期的な物品の販売，製造，加工やサービスの提供を実施することができます（会社法278条）。課税に関しては，原則的に現地法人と同様の課税義務を負います。

　前述のように，支店についても，QIPの適用はないので注意が必要です。

---

11)　「カンボジア会社法」JB Legal Consultancy翻訳（http://www.jetro.go.jp/world/asia/kh/law/）278条以下。

第1章　カンボジアの進出法務

図表1-4　支店に関するまとめ

支店住所	事業活動を行うカンボジア国内の住所を商業省および税務局に登録する必要があります。
支店名	親会社の商号と同じである必要があります。親会社の商号の前に「支店（Branch）」という単語を入れる必要があります（会社法281条）。
支店の権能	現地法人と同様（会社法278条）。
課税義務	現地法人と同様の納税義務を負います。

（3）　現地法人

　現地法人の形態は原則的に有限責任会社となります。これはカンボジアに投資する際，最も用いられる形態で，多くの場合，海外親会社の子会社として設置されています。

　有限責任会社は，私的有限責任会社（会社法86条，Private Limited Liability Company）と公開有限責任会社（会社法87条，Public Limited Liability Company）に分類されます。

　私的有限責任会社には株式譲渡制限が必要（会社法86条(b), (c)）であり，株主は1名以上30名以下（会社法86条(a)），1名以上の取締役の選任が必要（会社法118条）となります。株主が1名の場合は，単独私的有限責任会社となります。公開有限責任会社は，株式の一般公開が認められ，3名以上の取締役の選任が必要となっています（会社法87条，118条）。

　カンボジアにおいては，外国人または外国企業の100％出資により有限責任会社を設立することができます（会社法283条）。有限責任会社への出資比率には，100％カンボジア資本と，100％外国資本，およびカンボジアと外国資本の合弁の3種類が存在しています。

　外国人または外国法人が51％以上の出資を行っている場合，この現地法人は「外国法人」と定義されます。外国資本が50％未満の場合，この現地法人は「内国法人」と定義されます（会社法101条，283条）。外資によるカンボジア投資の多くは100％外国出資の形態をとることが多いのが実情です[12]。

　なお，額面株式制度を採用しており，最低資本金は，400万リエル（約

1,000USドル[13]，額面4,000リエルの株式を最低1,000株発行する必要がある）です（会社法144条）。

図表1-5　現地法人に関するまとめ

商号	固有の商号が設定可能です。ただし，類似商号とみなされる場合，商業省より認可がおりないので，注意が必要です。
資本金	会社は1株当たり額面4,000リエル以上で，最低1,000株を発行する必要があります。最低資本金は，400万リエル（約1,000USドル，1USドルは約4,006リエル（2013年12月時点））となります。ただし，商業省は5,000USドル以上を推奨しており，法律と運用の乖離に注意が必要です。
有限責任	有限責任であり，株主の責任は各自出資した資本金の範囲に限定されます（会社法285条）。
登録事務所	会社はカンボジア国内に住所を登録する必要があります。
取締役	1名以上の取締役を設置しなければなりません（会社法118条1項）。公開有限責任会社の場合，3名以上（会社法118条2項）。取締役は，自然人である必要がありますが，国籍や居住地に関する制限は存在しないため，全取締役がカンボジア国内に居住していない場合も合法となります。
課税義務	法人税，源泉徴収税，給与税など課税対象となります。

〈現地法人と支店〉

　カンボジア進出時において，現地法人，支店での進出どちらがよいかという問題については，下表のとおり一概に回答を導くことは困難です。進出の際には，各優位性について，会社の状況や事業内容などを総合的に勘案した上，進出形態を決定する必要があります。

---

12)　土地所有は内国法人にしか認められておらず，土地を所有する場合は，内国法人と認定される程度に外資出資比率を抑える必要がある。
13)　実務上において，商業省からは最低資本金を5,000USドル以上に設定するよう奨励されている（*Acquiring Real Property in Cambodia A Legal and Practical Guidebook*, 42頁）。

第 1 章　カンボジアの進出法務

図表 1-6　現地法人と支店の相違一覧

	現地法人	優位性	支店
権能	（法令により禁止される行為を除く）カンボジア国内法人と同様の行為（会社法286条）	＝	カンボジア法令により外国企業に対して禁止されている行為を行わないかぎりにおいて，内国会社と同様に定期的な物品の販売，製造，加工やサービスの提供を実施することができます（会社法278条）
設立実務	・定款の作成，認証が必要 ・銀行口座の開設が必要 ・資本金（25％）の振込，銀行残高証明書の提出が必要 ※その他設立実務についてはほぼ同様。<u>設立実務については，支店の方が容易。</u>	＜	・定款の作成不要 ・銀行口座の開設が不要 ・資本金の振込，残高証明書の提出不要
会社法務	・株主総会の実施義務（最低年1回） ・取締役会の実施義務（3ヵ月に1回） ・株式譲渡や取締役交代の際の届出が必要 ※<u>現地法人は，報告義務などによる事務負担が大きい。</u>	＜	・取締役会などの実施義務なし（本国会社の判断，決定に従う） ・代表者変更の際には，届出が必要
QIPの適用可否	・適用あり	＞	・適用なし ※<u>支店の場合，QIPの適用はありません。</u>
債権債務関係	有限責任であり，株主の責任は各自出資した資本金の範囲に限定。 ※<u>現地法人は親会社とは異なる別の法人格であり，リスク回避可能性が高い。また，会社形態としての，柔軟性が高い。</u>	＞	独立した法人格を有しておらず，債権債務は本国の会社に直接帰属（会社法279条）。
会計税務	・カンボジア国内企業と同様（年次決算報告義務有り）	＝	カンボジア国内企業と同様（年次決算報告義務有り）
労務	労働省への申請や届出が必要	＝	労働省への申請や届出が必要

解散，閉鎖の難易度	2014年1月現在，比較的容易に解散が可能。 ※解散，閉鎖時に税務署からの監査が実施されるので，解散もしくは閉鎖時の税務状態によって難易度が変化。	=	2014年1月現在，比較的容易に閉鎖が可能。

(注) ＞　現地法人での進出の方が有利と考えられる場合
　　 ＜　支店での進出の方が有利と考えられる場合
　　 ＝　相違がない場合

（4）　パートナーシップ[14]

　パートナーシップは，医者，弁護士，会計士など専門家に適した会社法上認められた企業形態です。パートナーシップは複数の関係者間の契約で，ジェネラル・パートナーシップ（General Partnership），およびリミテッド・パートナーシップ（Limited Partnership）の2種類が存在しています。日本法上の任意組合が，ジェネラル・パートナーシップ，有限責任事業組合がリミテッド・パートナーシップに近い概念となっています。

①ジェネラル・パートナーシップ（一般パートナーシップ）

　ジェネラル・パートナーシップは，2名以上の自然人もしくは会社が事業を営むためにジェネラル・パートナーシップ契約を締結することにより成立します。日本法でいうところの任意組合にあたります。パートナーは共同出資者として利益を共有し，事業運営を実施することができます（会社法8条）。各パートナーは，パートナーシップの債務について無限責任を負います。
　なお，パートナーシップ契約は口頭でも書面でも成立するため，法律書類は特に必要ではありません（会社法9条）。

②リミテッド・パートナーシップ（限定パートナーシップ）

　リミテッド・パートナーシップは，1名または複数のジェネラル・パート

---

14)　「カンボジア会社法」JB Legal Consultancy翻訳（http://www.jetro.go.jp/world/asia/kh/law/）8条以下。

ナーと,同じく１名または複数のリミテッド・パートナーとの間において,パートナー契約を締結することにより成立します。日本法でいうところの有限事業組合にあたります。ジェネラル・パートナーは,パートナーシップを運営し拘束されるのに対して,リミテッド・パートナーはパートナーシップの資本充実に対してのみ拘束を受けます（会社法72条）。つまり,リミテッド・パートナーは,出資に応じた金額または資産価値を限度として,責任を負うに留まります。

リミテッド・パートナーは,その出資分に応じて利益を受け取り,債務に関しても出資金額もしくは資産価値を限度としてのみ責務を負います（会社法64条）。

上記のパートナーシップについては,実務上利用されるケースはあまり多くありません。

（５） 事業協力契約（Business Cooperation Contract：BCC）

事業協力契約は,カンボジア政府または公的機関と共同事業を行い,その事業に出資する代わりに利益配分を受ける形態をいいます。新たに法人を設立する形態ではなく,事業活動から収益を分け合う形態となります。

カンボジア国内の事業協力契約については,数事例確認できています。

（６） 個人事業主（Sole Proprietorship）

法令上の個人事業主に関する政令は特に存在していません。しかしながら,運用上,商業省での個人事業主の登録が認められています。担当者により設立手続き,要件,課税が異なる可能性があり,個人事業主での進出はあまり推奨できません。

図表1-7　カンボジアへの進出形態のまとめ

形態		特徴	長所	短所
駐在員事務所		・営業活動を行うことができません ・親会社と同一の法人格	・社内組織や定款，会計の簡素化 ・法人税の発生なし	・QIPの適用なし ・カンボジアでの定期的な商品販売，サービスの提供などは認められません ・課税対象となる事業活動は認められません
支店		・本国の親会社と同一の法人格	・社内組織や定款，会計の簡素化 ・（禁止業務を除いて）内国会社と同様の業務を実施可能	・QIPの適用なし ・親会社が支店に関する債務を負担 ・課税対象
現地法人（現地子会社）	私的有限責任会社	・株主1名以上（株主が1名の場合は，単独株主有限責任会社） ・株式の譲渡制限あり ・取締役1名以上	・親会社と別の法人格であり，リスクを回避することができます ・株主に対する債務は，引受け株式の金額に限定されます ・会社形態の柔軟性が高い ・QIPの適用あり ・（禁止業務を除いて）内国会社と同様の業務を実施可能	・株式譲渡や取締役交代の際の商業省への届出承認が必要 ・報告義務に伴う事務負担の増加 ・課税対象
	公開有限責任会社	・株式の譲渡制限なし ・取締役3名以上		
パートナーシップ		・2名以上から設立可能 ・口頭でも書面でも設立可能	・独立性および柔軟性が高い	・QIPの適用なし
事業協力契約（BCC）		・政府機関との契約関係が必要	・政府から恩恵を得られる可能性あり	・QIPの適用なし ・業務範囲が限定

第3節 現地法人，支店，駐在員事務所の設立方法

本章においては，現地法人，支店，駐在員事務所の設立方法について，それぞれ説明します。

外国法人，内国法人にかかわらず，会社設立や登録手続は，以下の法規やその他関連細則によって規定されています。

- 商業規則と商業登記に関する法律（Law on Commercial Rules and Commercial Register）
- 商業規則と商業登記に関する改正法（Law on the Amendment of the Law on Commercial Rules and Commercial Register）
- カンボジア会社法（Law on Commercial Enterprise）

上記法規は英米法の影響を受けており，日本の商業登記とは異なり，申請に関しては，登記申請書をそのままファイリングするファイリング方式が採用されています。

1 設立，登録に関する基礎情報

（1） 設立手続き

各種会社設立や支店開設の基本的な流れとしては，商業省（MOC）に対して，登記の申請を行った後，経済財務省（MOEF）にて税務（営業）登録および付加価値税（VAT）登録を行います。商業省および経済財務省での申請完了後，労働省にて会社設立宣言を行う流れとなります。

各種登録にかかる申請期間に関しては，必要書面の提出後，以下のとおり通常2－3ヵ月前後を要します。ただし，政治状況や役所の状況によっては，下記日数より延長される可能性もありますので，注意が必要です。

- 商業省での申請　　　約2週間〜1ヵ月半程度
- 経済財務省での申請　約1ヵ月〜1ヵ月半程度

　業種業態によっては，営業許可を取得する必要がある業種（例えば，飲食店の場合，観光省で飲食店営業ライセンスを取得する必要があります）もあります。取得が必要な業種，業態の判断基準などは省令上において定められています。もっとも，実際の手続きに関しては，法律と運用との間で乖離があり，各種営業許可取得の際には商業省や関連省庁，もしくは外部専門家に問い合わせることを推奨しています。

（2）　会社設立に関する必要事項

　会社設立にあたっては，商業省登記局[15]（所属する州・特別市内に会社登記できる商業局がある場合は，その支部）にて申請を行う必要があります[16]。登記申請には，会社の商号，目的，形態，登記事務所の住所，資本金，現地銀行への資本金預入証明，署名権者などが含まれます。

　その他，会社設立において，以下の事項が要求されています。

① 　パートナーシップおよび有限責任会社は，登記事務所とカンボジアの法的資格を有する自然人である登録代理人を継続して保持し，その事務所の住所と代理人の姓名を商業省に登記する必要があります（会社法3条）。
② 　商号表記については，各事務所ではカンボジア語の商号を他言語より上部に掲げ，かつ他の言語による商号よりも大きく表示する必要があります（会社法5条）。
③ 　株式は額面株式制度を採用しており，最低資本金は400万リエル（約1,000USドル）であるため，会社は額面4,000リエルの株式を最低1,000株以上発行する必要があります（会社法144条）。
④ 　会社は次の文書を記録し，登録住所で保管する必要があります（会社法109条）。

---

[15]　商業省のウェブサイト（www.moc.gov.kh）。
[16]　『カンボジア商業登記ハンドブック』。

- 定款・会社規則およびそれらの修正文書
- 株主総会議事録および決議
- 法律上，発出・保管することが義務づけられたすべての通知のコピー
- 株式登録

⑤　最低3ヵ月ごとの取締役会の開催（会社法128条）。

（3）　商号について

　カンボジアで法人設立を行う際，希望の商号が使用できないケースが多いのが実情です。多くの場合，新設会社名が既存の商号と照らして類似商号と判断されています。ただし，商業省における類似商号の判定基準は，曖昧で不明確な点が多く，担当者との交渉によるところが大きいのが実情です。

　対応策として，新設会社に（カンボジア国内外を問わず）親会社が存在する場合，当該親会社が「親会社と類似もしくは関連する商号利用を認める」趣旨の書面を提出し，その場合，当該商号がその他既存会社の類似商号であったとしても，認可を得る可能性が高まります。他方，個人株主の新設会社の場合，現状有効な対応策がない状況です。スムーズな手続きのためには，類似商号とみなされないような会社名を10～15候補程度，あらかじめ用意する必要があります。

（4）　登記住所（賃貸借契約書）について

　会社の住所登録に際しては，運用上，商業省に対して以下のとおり事務所に関する契約関係書面を提出する必要があります。

①　（事務所の）賃貸借契約書の写し

　原本である必要はありません。基本的に英文のみの提出で認められていますが，担当者によってはカンボジア語の契約書が求められる可能性があるので，注意が必要です。

②(事務所の)水道,電気料金の領収書の写し
賃借される事務所が実際に稼働しているか確認するために,提出が要求されています。

③事務所の写真(外観)
事務所の外観が確認できる必要があります。

④事務所の地図
運用上は,Googleマップなどの地図の提出で認められています。

⑤事務所が入居する建物の納税領収書
2013年より所轄税務署の一部で,本書面が要求されるケースが増えてきています。そもそも,建物に対する納税制度は確立されておらず,家主が納税証明書をもっていないケースがほとんどです。その場合,所轄税務署への事前確認,事情説明や交渉が必要となり,外部専門家に依頼することを推奨いたします。

なお,登録される事務所住所については,フロア番号,部屋番号などできるだけ詳細に記載する必要があります。

(参考)バーチャルオフィスの利用可否,懸念事項
実務上,バーチャルオフィス(事務所としては実体がなく,事務所住所のみ借りるケース)という手法で,各種登録は認められています。
バーチャルオフィス設置に関する懸念事項としては,以下のとおりです。

①税務リスク
実体がないので,業種によって税務監査の際に指摘を受ける可能性があります。例えば,貿易事業者の場合,監査の際に仕入れ物品や固定資産のチェックが事務所で行われる可能性があり,その場合の指摘リスクがあります。

②**転貸リスク**

バーチャルオフィスの場合，ほとんどのケースが転貸という形態となります。転貸人が倒産したり，大元の賃貸借契約が終了してしまった場合，登録住所の権利関係が不確定となり，事務所住所の変更を余儀なくされる可能性があります。その場合の（商業省や税務署での）各種登録変更にかかる費用等の負担リスクを負う可能性があります。

（参考）アパートメントなど住居での登録可否

アパートなど集合住宅の一室を所在地として法人登記を進める場合，商業省もしくは税務署またはその両方で登録を拒否される事例が稀に発生しています。会社の住所登録をアパート物件で進めようとする場合，賃貸借契約の前に商業省と税務署の両方に事前確認をすることが重要です。

(5) 会社定款（基本定款・付属定款）

定款には，基本定款（Articles of Incorporation）と付属定款（Bylaws）の2種類があります。基本定款および付属定款は，カンボジア語および英語で作成する必要があります。両言語のうち，公式な書面はカンボジア語のみとなるので，注意が必要です。

基本定款とは，会社設立の際に商業省に提出する基本的な文書を意味します。他方，付属定款とは，基本定款とは異なり，商業省に提出する必要がない社内規則という位置づけになっています。

基本定款には，以下の事項を明記することが義務づけられています（会社法93条）。

第3節　現地法人，支店，駐在員事務所の設立方法

定款への必要記載事項
a．会社の商号 b．カンボジア国内に設置する登録事務所 c．会社設立の目的 d．事業の目的と範囲 e．資本金総額 f．株式の種類，発行可能株式数，1株当たりの額面価格およびその他株式に関する情報 g．各株主の氏名と住所 h．取締役の人数，氏名，住所

　定款内容については，一般的に商業省から次のテンプレートを使用するよう指導されています。会社定款については，すべての業種を網羅的に記載するのが一般的です。

図表1-8　商業省推奨　事業目的例

- Trading:Purchasing, selling, exchanging, exporting, and importing all kinds of goods-importing medicines and all kinds of medical equipment
- Renting, warehousing all kinds of products and goods-Repairing all kinds of materials and goods
- Currency exchange, productions, purchase and sales of jewelry
- Hospital for consulting and treating the diseases
- Commercial agency-Commercial representative
- Financial and Commercial consultation service
- Local and overseas employment recruiting services
- Information Technology Services
- Advertising services
- Publishing
- Production of cinema and Video CD
- Transportation: by sea and by air-Goods forwarding and distributing service
- Services for commission on transportation
- Construction, repairing buildings and roads
- Architecture, project designing, supervision and study of all kinds of construction projects
- Tourism: Hotels, Restaurants, Entertainment Center
- Investment in the field of agriculture: Planting, livestock
- Investment in the field of industry: Factory, Handicraft

(6) 営業登録について

　商業省での登記完了後，所轄の税務署にて個別の事業に対する営業登録を行う必要があります。従来はできるだけ多くの事業が行えるよう，抽象的な文言（例えば，貿易やコンサルティング）での設定が可能でした。

　しかしながら，2014年1月現在では上記のような抽象的な文言では税務署での承認がおりず，具体的な事業内容を明記することが要求されています。例えば，今までは貿易（Import and Export），コンサルティング（Consulting）のみで登録が認められていましたが，貿易では，どのような物品を輸出入するのか，コンサルティングではどのようなコンサルティング業務を提供するのかなど，具体的な文言を入れるよう所轄税務署から指導されています。

2　現地法人の設立方法

　現地法人設立の流れとしては，商業省（MOC）に対し法人登記の申請を行った後，経済財務省（MOEF）にて税務（営業）登録およびVAT登録を行います。商業省および経済財務省での申請完了後，労働省にて会社設立宣言を行う必要があります。

(1)　商業省（MOC）への申請
①商業省[17]に対する商号の使用可能確認

　商業登記に際して，商号の確認が最初の重要な決定事項となります。利用したい商号がすでに存在する場合，それに代わる商号を提示する必要があります。商号の確認には，約2日～1週間程度を要します。

　商業省は他社ですでに使われている商号，類似する商号，公序良俗に反する商号もしくはその他不適切な商号の場合，登録を拒否することができます（会社法92条）。

---

17)　商業省のウェブサイト（www.moc.gov.kh）。

②必要書類の準備
- 商業省所定の申請フォーム（カンボジア語）
- 株主および取締役全員のパスポートおよび商用ビザのコピー（署名入り，公証不要）
- 株主および取締役全員の写真
- 資本金の入金を確認する現地銀行発行の残高証明書
- 基本定款（全取締役が署名。英語およびカンボジア語で作成）
- 賃貸借契約書のコピー
- 電気料金・水道料金の請求書コピー，建物に対する納税証明書

親会社出資の場合，以下の追加書類が必要となります。
- 親会社の基本定款のコピー（英訳，翻訳証明，公証が必要）
- 親会社の登記証明書のコピー（日本法人の場合は履歴事項全部証明書。英訳，翻訳証明，公証が必要）
- 親会社による新会社設立の取締役会議事録または現地代表者への委任状（英文。公証が必要（2014年度から要求され始めています））

　上記の必要書面については，政治状況や役所の担当者等によっては変動する可能性がありますので，事前に外部専門家に確認されることを推奨いたします。

③申請書類の提出
上記書類を商業省に提出します。

④手数料の支払い
法定の手数料を商業省に支払います。

⑤書類の処理と商業登記証明書の発行
2012年までは書類の処理と商業登記証明の発行には，通常約10-15営業日

第1章　カンボジアの進出法務

を要するのみでありましたが，2014年1月現在，会社設立申請の増加に伴い，約1ヵ月程度を要するケースが多くなっています。

　また，登記証明とともに商業省より社印が発給されます。

(2)　経済財務省[18]（MOEF）への申請

　すべての会社（駐在員事務所・支店および現地法人）は，事業活動の種類や年間の売上状況に関係なく自己申告納付制度（実態管理様式課税制度）[19]に基づく課税の対象となり，商業省への申請完了後15日以内に，経済財務省にて税務登録を行う必要があります。

　必要書類は以下のとおりとなります。

- 経済財務省所定の申請フォーム
- 商業登記証明書（商業省から発行）
- 基本定款（商業省の認証を受けたもの）
- 現地代表者のパスポートおよび商用ビザのコピー
- 現地代表者の写真
- 事業目的証明書（商業省から発行）
- 事務所の写真・地図
- 賃貸契約書コピー（公証が必要。2014年度から）
- 電気料金・水道料金の請求書コピー，建物に対する納税証明書

　上記の必要書面については，政治状況や役所の担当者等によっては変動する可能性がありますので，事前に外部専門家に確認されることを推奨いたします。

　税務（営業）登録の際に，印紙税と初年度の年間営業税を納税する必要が

---

[18]　経済財務省のウェブサイト（http://www.mef.gov.kh/）。
[19]　カンボジアの所得税制は，納税者の「管理様式」によって異なります。税法上，3種類の管理様式が定められています。①実態管理様式課税制度，②推定管理様式課税制度，③簡素様式が存在しています。すべての法人は，実態管理様式により課税されますので，推定管理様式，簡素様式に関する説明は省かせていただきます。

あります。申請終了後，納税者番号（VAT Tin Number）が与えられます。複数の事業を実施している場合，事業ごとに税務（営業）登録と年間営業税の支払いを行う必要があります。以後，年間営業税は，会社の事業活動ごとおよび所在地ごとに毎年課税されます。

その後，以下の課税対象の物品やサービスを提供する企業は，VAT（付加価値税）登録を行う必要があります。

- 企業，輸入業者，輸出業者，投資会社
- 3ヵ月連続で物品販売の課税対象売上高（VATと非課税供給品を除いた総所得）が1億2,500万リエル（約31,250USドル）を超える納税者
- 3ヵ月連続でサービス供給の課税対象売上高が6,000万リエル（約15,000USドル）を超える納税者
- 課税対象総売上高が，3,000万リエル（約7,500USドル）を超える政府契約を請け負う納税者対象事業者は，業務開始前もしくは納税者が課税対象者となってから30日以内にVAT登録を行う必要があります。実際の運用上は，前述の税務（営業）登録と同時にVAT登録も行うケースが多いです。

3 支店の設立方法

商業省での登記申請後，経済財務省・税務局で税務（営業）登録を行うという手順は現地法人設立とほぼ同一です。必要書類は以下のとおりとなります。

(1) 商業省への登記申請

- 商業省所定の申請フォーム（カンボジア語）
- 親会社の登記証明書（親会社が日本法人の場合は履歴事項全部証明書。英訳，翻訳証明，公証を行う）
- 親会社の基本定款（英訳，翻訳証明，公証を行う）
- 親会社の支店設立に関する取締役会議事録および現地取締役の任命書（英文，公証要）

- 賃貸契約書のコピー
- 株主および取締役全員のパスポートおよび商用ビザのコピー
- 株主および取締役全員の写真
- 支店登録住所の電気料金・水道料金の請求書コピー，建物に対する納税証明書

（2） 経済財務省への課税登録
- 経済財務省所定の申請フォーム（カンボジア語）
- 商業登記証明書（商業省から発行）
- 賃貸契約書のコピー（公証要）
- 現地代表者のパスポートおよび商用ビザのコピー
- 現地代表者の写真
- 事業目的証明書（商業省から発行）
- 事務所の写真・地図
- 支店登録住所の電気料金・水道料金の請求書コピー，建物に対する納税証明書

4　駐在員事務所の設立方法

　商業省での登記申請後，経済財務省・税務局へ税務（営業）登録を行うという手続きは現地法人設立とほぼ同一です。必要書類は以下のとおりです。

（1） 商業省への登記申請
- 商業省所定の申請フォーム（カンボジア語）
- 親会社の各種証明書（親会社が日本法人の場合は履歴事項全部証明書。英訳，翻訳証明，公証を行う）
- 親会社の基本定款（英訳，翻訳証明，公証を行う）
- 親会社の駐在員事務所設立に関する取締役会議事録および現地代表者の任命書（英文，公証要）

- 現地代表者のパスポートおよび商用ビザのコピー
- 現地代表者の写真
- 賃貸契約書コピー
- 事務所住所の電気料金・水道料金の請求書コピー，建物に対する納税証明書

(2) 経済財務省への課税登録

- 経済財務省所定の申請フォーム（カンボジア語）
- 商業登記証明書（商業省から発行）
- 賃貸契約書のコピー（公証要）
- 現地代表者のパスポートおよび商用ビザのコピー
- 現地代表者の写真
- 事業目的証明書（商業省から発行）
- 事務所の写真・地図
- 事務所住所の電気料金・水道料金の請求書コピー，建物に対する納税証明書

5 個別営業許可の取得

　業種によっては，個別の営業許可を取得する必要があります。取得が必要な業種の判断基準などは基本的に政令上において定められています。もっとも，実際の手続きに関しては，法律と運用との間で乖離があり，営業許可取得の際には商業省もしくは関連省庁に個別に問い合わせることを推奨しています。商業省もしくは関連省庁でも見解が分かれることもあり，各種省庁に加えて，弁護士事務所や外部専門家にも問い合わせる必要があります。

第1章 カンボジアの進出法務

第4節 外資規制

1 外国投資に関する法律の概要

カンボジアの外国投資関連法制度は、外国投資を奨励するように設計されています。投資奨励に関しては、後述する以下の法令などによって定められています。

- 1994年投資法（Law on Investment）
- 2003年改正投資法（Law on the Amendment to the Law on Investment）
- 改正投資法施行に関する政令NO.111（Sub-Decree No.111 ANK/BK on the implementation of the Amendment to the Law on Investment of the Kingdom of Cambodia）
- その他関連細則

外国法人は土地所有を除き内国法人と差別なく扱われており、多くの分野で自由に投資することが可能です（改正投資法8条）。投資法では、具体的な優遇措置についても規定しており、適格投資プロジェクト（QIP）として、「最終登録証明書（Final Registration Certificates：FRC）」を取得した会社は、5節で後述するさまざまな優遇措置の恩恵を受けることができます。

カンボジアでの投資にあたっては、前述のとおり商業省（MOC）および経済財務省（MOEF）に会社設立の登録を行います。さらに、投資家が投資優遇措置の適用を求める場合は、カンボジア開発評議会（Council for the Development of Cambodia：CDC）[20] または州・特別市投資小委員会（Provincial/Municipal Investment Sub-Committee：PMIS）に投資登録を

---

[20] カンボジア開発評議会およびカンボジア経済特別区委員会（http://www.cambodiainvestment.gov.kh/ja/）。

申請します。

またCDCの下部組織として設置されているカンボジア経済特別区委員会（Cambodian Special Economic Zone Board：CSEZB）は，経済特別区で事業を行う会社に対し，事業の登録から日々の輸出入許可に至るまでのワンストップ・サービスを提供することとなっています。

2 投資関連法

カンボジア政府は，外国からの継続的な投資促進を目指し政府サービスの向上を図っています。投資に関する制度は，1994年8月に公布された「投資法（Law on Investment）」により基礎が規定されていますが，投資制度をより簡素化・透明化するため2003年「改正投資法」が制定されています。

さらに2005年2月には，200万USドル未満の投資に対する投資制度を規定する「州・特別市投資小委員会の設置に関する政令（Sub-Decree on the Establishment of the Sub-Committee on Investment of the Provincial-Municipalities of the Kingdom of Cambodia）」が，同年9月には「改正投資法施行に関する政令NO.111（Sub-Decree No.111 ANK/BK on the Implementation of the Amendment to the Law on Investment of the Kingdom of Cambodia）」がそれぞれ発布されています。投資制度の簡素化および透明化を推し進めており，外国投資家が投資しやすい環境構築に努めています。

3 外資規制

カンボジアにおいては，「改正投資法施行のための政令NO.111」内「ネガティブリスト」に記載されている投資禁止分野を除いて，商業省に登録を行い，業務上の許可を取得すれば100％外国人投資であっても自由に営業活動を行うことができます。投資禁止分野は図表1-9のとおりです。

図表1-9　投資禁止分野

- 向精神薬および麻薬物質の生産・加工
- 国際規則または世界保健機構により禁じられた有害性化学物質，農薬・農業用殺虫剤，および化学物質を使用したその他の商品で，公衆衛生および環境に影響を及ぼすものの製造
- 外国から輸入した廃棄物を使用した電力の加工および発電
- 森林法により禁じられる森林開発事業

出所：「カンボジア投資ガイドブック」カンボジア開発評議会，2013年。

第5節　投資ライセンスの取得

1　優遇措置（QIP）付与に必要な投資条件と制限

　投資優遇措置（Quolified Investment Project：QIP）を受けるためには，当該事業が投資禁止分野に該当しないこと，および分野ごとに設定されている最低投資額（最低資本金）を満たすことが条件となります。QIPの取得に際しては，最初に投資額の25％を保証金としてカンボジア国内の銀行に入金する必要があります。投資分野別の最低投資金額の条件は図表1-10のとおりとなっています。

図表1-10　優遇措置付与に必要とされる投資条件

投資分野	投資案件
輸出産業にすべて（100％）の製品を供給する裾野産業	10万USドル以上
動物の餌の製造	20万USドル以上
皮革製品および関連製品の製造 金属製品製造 電気・電子器具と事務用品の製造 玩具・スポーツ用品の製造 自動二輪車およびその部品，アクセサリーの製造 陶磁器の製造	30万USドル以上
食品・飲料の生産 繊維産業のための製品製造 衣類縫製，繊維，履物，帽子の製造 木を使用しない家具・備品の製造 紙および紙製品の製造 ゴム製品およびプラスチック製品の製造 上水道の供給	50万USドル以上

第1章　カンボジアの進出法務

伝統薬の製造 輸出向け水産物の冷凍および加工 輸出向け穀物，作物の加工	
化学品，セメント，農業用肥料，石油化学製品の製造 現代薬の製造	100万USドル以上
近代的なマーケットや貿易センターの建設	200万USドル以上 1万ヘクタール以上 十分な駐車場用地
工業，農業，観光，インフラ，環境，工学，化学，その他の産業向けに用いられる技能開発，技術工業，農業，観光，インフラ，環境，工学，化学，その他の産業向けに用いられる技能開発，技術向上のための訓練を実施する教育機関	400万USドル以上

出所：「カンボジア投資ガイドブック」カンボジア開発評議会，2013年。

またQIPが適用されない投資分野として，「改正投資法施行に関する政令NO.111」には図表1-11の項目を含む計46項目の優遇措置非適格プロジェクト（ネガティブリスト）が記載されています。

図表1-11　優遇措置非適格業務

優遇措置の対象とならない投資活動
各種の商業的活動，輸入，輸出，卸売，小売（免税店舗を含む）
水路，道路，航空機による輸送サービス（鉄道分野を除く）
国際標準ホテル外にあるレストラン，カラオケ，バー，ナイトクラブ，マッサージパーラーまたはフィットネスクラブ。ただし，これらが国際標準ホテル内にある場合であっても，投資家が業務を行うために非QIPである第三者に対しかかる場所を賃貸した場合，この投資家は，改正投資法により付与される利益税免除の対象とならない。
観光サービス提供者，旅行代理店，観光情報および観光広告
各種カジノおよび賭博事業
通貨および財務業務サービス（銀行，金融機関，保険会社および各種金融仲介業を含む）
新聞およびメディアに関する活動（ラジオ，テレビ，報道，雑誌，映画，ビデオ製作もしくは複製，劇場，スタジオおよび関連活動を含む）
専門サービス
種の多様性，人の健康および環境に危険を及ぼす遺伝子組み換え生物に関する事業

原材料として国内の供給が法的に認められた自然林の木材を使用した木製品の製造および加工
タバコ製品の製造
グレードが三つ星を下回るホテル
100室未満の客室のホテルまたは30室未満の宿および観光者向け地所（リゾート）を有する複合観光センターで，最小長が10ヘクタール未満のもの
50ヘクタール未満の複合リゾート（ホテル，テーマパーク，スポーツ施設，動物園を含む）
駐車場
倉庫設備
農業生産： 　1,000ヘクタール未満の水田農業 　500ヘクタール未満の各種換金作物 　50ヘクタール未満の野菜
家畜生産： 　1,000頭未満の家畜飼育 　100頭未満の乳牛の酪農場 　10,000羽未満の養鶏場
水産： 　5ヘクタール未満の淡水養殖場 　10ヘクタール未満の海水養殖場
植林，植樹および野生動物農場： 　1,000ヘクタール未満の植林 　200ヘクタール未満の植樹 　100頭未満の野生哺乳類飼育 　500羽未満の野鳥飼育 　1,000匹未満の野生爬虫類飼育
輸出用水産物および穀物ならびに作物製品の冷凍および加工： 　投下資本が50万USドル未満である輸出用水産物の冷凍および加工 　投下資本が50万USドル未満である輸出用の各種穀物および作物製品の加工
あらゆる電気通信サービスについての付加価値サービスの提供
不動産開発
資本金800万USドル未満の国際貿易博覧会センターおよび会議場事業

第1章 カンボジアの進出法務

資本金400万USドル未満の産業，農業，観光，インフラ，環境，工業技術，化学その他のサービスに有用な技能開発，技術もしくはポリテクノロジーのための訓練を提供する教育機関
資本金200万USドル未満，規模が一万平方メートル未満で，十分な駐車スペースのない現代的市場または商業センターの建設
資本金100万USドル未満の ・化学薬品，セメント，農業用肥料，化学石油製品の製造 ・土地の規模が1000ヘクタール未満の自然観光事業および自然観光事業地の建設 ・50床未満で，近代的設備，研究室，外科手術室，X線室，救命救急室，薬局，エレベーター（3階までの）がなく，救急車，死体安置所のない総合診療所 ・近代的医薬品の製造
資本金50万USドル未満の ・食品および飲料の製造 ・繊維工業用製品の製造 ・衣料品，織物，履物，帽子の製造 ・天然木を使用していない家具および備品の製造 ・紙および紙製品の製造 ・ゴム製品およびプラスティック製品の製造 ・飲料水の供給 ・伝統的医薬品の製造
資本金30万USドル未満の ・皮革製品その他の関連製品の製造 ・各種金属製品の製造 ・電気製品，家電製品ならびに事務製品の製造 ・玩具およびスポーツ用品の製造 ・自動車，部品および付属品の製造 ・セラミック製品の製造 ・裾野産業で，その全製品（100％）が輸出産業に供給されるもの
資本金20万USドル未満の動物飼料の製造

出所：「カンボジア投資ガイドブック」カンボジア開発評議会，2013年。

　そのほかにも「改正投資法施行に関する政令NO.111」は，①電気通信基本サービスおよび②ガソリン，石油およびあらゆる種類の鉱業（ガソリンおよび石油事業のための補給基地を含む）の探査の2つの分野について，関税免除の対象であるが利益税免除の対象とはならないと規定しています。

2 優遇措置の内容

QIPに付与される優遇措置の内容は以下のとおり規定されています。

（1） 法人税免除（特別減価償却との選択制）

法人税免除期間は，「始動期間（Trigger Period）」＋3年間＋「優先期間（Priority Period）」により構成されます。法人税の免除適用期間は最大9年間となっています。

始動期間は，最初に利益を計上する年度，または最初に売上を計上してから3年間のどちらか短い方が適用されます。優先期間は，投資内容に基づいて財産管理法（Financial Management Law）において決定されます。優先期間の設定は図表1-12のとおりです。

図表1-12　優先期間に関する一覧表

軽工業の場合	・投資金額が500万USドル以下　　0年 ・投資金額が500万USドル－2,000万USドル未満　1年 ・投資金額が2,000万USドル以上　2年
重工業の場合	・投資金額が5,000万USドル以下の場合　2年 ・投資金額が5,000万USドル以上の場合　3年
観光産業の場合	・投資金額が1,000万USドル以下の場合　0年 ・投資金額が1,000万USドル以上の場合　1年
農業および農業関連事業の場合	・短周期農業投資の場合　1年 ・長周期農業投資の場合　2年
基礎インフラ事業の場合	・投資金額が1,000万USドル以下の場合　1年 ・投資金額が1,000万USドル－3,000万USドル未満の場合　2年 ・投資金額が3,000万USドル以上の場合　3年

出所：「カンボジア投資ガイドブック」カンボジア開発評議会，2013年。

法人税免除期間は，法人税とミニマム税[21]が免除されると規定されています（改正投資法14条）。税法25条，26条が定める給与税，源泉徴収税およ

---

21) 年間売上の1％の課税。法人所得税が年間売上の1％を超える場合には，法人所得税のみを支払う。

第 1 章　カンボジアの進出法務

び付加価値税には免除規定は適用されないので注意が必要となります。

（2）　特別減価償却（法人税免除との選択制）

　法人税免除を受けない場合は，選択により特別減価償却の措置が適用されます。これは製造・加工工程において使用される新品または中古の有形固定資産価格の40％を特別償却できる制度となっています。資産を購入した最初の年度，または利用を開始した最初の年度に適用されます。

（3）　QIPの種類および輸入される資本財および原材料の免除または減税

　改正投資法14条によれば，輸出志向型QIP（Export Oriented QIPs）および裾野産業QIP（Supporting Industry QIPs）には，生産設備や建築資材[22]，原材料，中間財，副資材の輸入関税が免除されます。一方，国内志向型QIP

図表1-13　QIPの種類と免税可能物資

QIPの種類	免税輸入可能な物資
国内志向型QIP[*1] （Domestically Oriented QIPs）	生産設備，建設資材および輸出品生産のための生産投入材
輸出志向型QIP[*2] （Export Oriented QIPs）	生産設備，建設資材，原材料，中間財，副資材
裾野産業QIP （Supporting Industry QIPs）	生産設備，建設資材，原材料，中間財，生産投入用副資材 （ただし，裾野産業QIPが製品を100％輸出企業に提供しない場合や直接輸出しなかった場合，その部分について輸入関税およびその他税を支払う必要がある）

＊1　国内志向型QIPとは，輸出を目的としないQIPを意味します。
＊2　輸出志向型QIPとは，カンボジア国外の購入者または譲受人に対して，その製品の一部を販売または譲渡するQIPを意味します。
出所：「カンボジア投資ガイドブック」カンボジア開発評議会，2013年。

---

22)　建設資材とは，敷地内の備品等の建設品目で，QIPの建設の初期段階もしくは拡張工事初期段階での投資活動を実施するために使用される施設の建設において，完全加工されおよび利用されるものを意味します。

（Domestically Oriented QIPs）は，生産設備や建築資材および輸出品生産のための生産投入財の輸入関税が免除されると規定されています（図表1-13）。

（4）　輸出関税の100％免除

現行法に規定される場合を除いて，輸出関税が100％免除されます。QIP認可企業が製造した製品を輸出向けに供給しなかった場合は，関税およびその他の税金を支払う必要があります。

（5）　その他

そのほか，投資法上においてQIPでは次の事項が保証されています。

- 国籍にかかわらず投資家は平等な取り扱いを受けること（土地所有や特定の投資活動を除く）
- 投資家に不利になる資産の国有化は行われないこと
- 投資家の商品・サービスに対する価格統制が行われないこと
- 外国送金の自由

QIPの免税措置は法人税と関税にのみ適用され，源泉徴収税，給与税や配当の分配に対する追加利得税を含む他の税金には適用されないので注意が必要です。

3　QIP取得手続

優遇措置の付与を受けるには，最終登録証明書を取得する必要があります。QIP認可取得に関する申請窓口は，投資額の規模・立地によって変動します。投資額200万USドル以上の事業や，2つ以上の省にまたがる事業，特別経済区での事業はCDCの管轄となり，それ以外の案件はPMISが担当することになります。投資計画書の提出から最終登録証明書の取得までの流れは図表1-14のとおりです。

申請期間は，最短31日で投資ライセンスを取得することが可能となります。

申請費用に関しては，1,500万リエル（約3,750USドル）と定められていますが，実際の運用上では別途手数料が発生する可能性が高いです。

図表1-14　投資ライセンスの申請および取得過程

実行者	手続	条件／要件	所要期間
申請者	CDCまたはPMISへの投資計画書の提出	・申請資料の提出 ・申請料（1,500万リエル＝約3,750USドル）の支払	
CDCもしくはPMIS*	条件付投資登録証明書の発行	・投資計画書が必要な情報をすべて含んでいること ・投資事業がネガティブ・リストに含まれていないこと	投資計画書提出後3日以内に発行
	申請者に代わり，条件付投資証明書に記載された関連省庁からすべてのライセンスを取得	ライセンスごとの要件	条件付投資証明書発行から28日以内
	最終登録証明書の発行	関連省庁からの必要ライセンスの取得	

＊　手続の主体は，DCCまたはPMISであるが，実務上は必要書類の一覧などを申請者もしくは代行会社が作成し，DCCまたはPMISの手続が迅速に進むようサポートする必要がある。
出所：「カンボジア投資ガイドブック」カンボジア開発評議会，2013年。

4　必要書類と申請手続きの流れ

QIP申請に関して，図表1-15の書類を準備した上で，手続を行う必要があります。

第5節　投資ライセンスの取得

図表1-15　QIP認可申請に関する必要書類と手続き方法

手順	必要書類／申請手続き	内容項目
1	QIP申請書の提出	下記書類を添えて，QIP申請書式に記入し，草案としてCDCに提出： ・土地賃貸契約書または工場賃貸契約書の元本（公証人による証明書発行が必要） ・工場所在地を示す地図 ・会社登記簿または親会社の定款 　（英訳，翻訳証明，公証が必要） ・親会社の代表者による内国会社全役員の任命書 ・全役員のパスポートのコピー（署名が必要） ・全役員の写真 ・全役員の無犯罪証明書 ・製造工程表（環境負荷確認用）
2	（サイン済み）QIP申請書の提出	下記書類を添えて，カンボジア語記載された公式申請書をCDCに提出： ・カンボジア政府発行の可能性調査証明書 ・カンボジア政府発行の会社定款
3	QIP申請料の支払	CDCに申請料1,500万リエル（約3,750USドル）を支払う
4	条件付き投資登録証明書（Issuance of Conditional Registration Certificate：FRC）の発行	公式QIP申請書提出後3日以内に発行される
5	現地商業銀行残高証明の提出	残高会社の登録資本金の25％相当額にあたる現地商業銀行の残高証明書をCDCに提出
6	付加価値税（VAT）登録申請書式の提出	CDCを通じて，経済財政省税務総局に対して付加価値税登録申請書式を提出
7	最終投資登録証明書（Issuance of Final Registration Certificate「FRC」）の発行	下記の書類をもとに，CRC発行後28日以内にCDCによりFRCが発行される： ・商業登記証明書（商業省発行，会社印鑑付き） ・税務登録証明書（経済財政省発行） ・VAT登録証明書（経済財政省発行）

第1章　進出法務

8	輸入関税免除申請書の提出（マスターリストの提出）	工場建設資材，生産設備，原材料の輸入に関する輸入関税申請書（マスターリスト）を，CDCを通じて経済財務省・関税消費税総局（General Department of Custom and Excises「GDCE]）に提出
9	工場操業申請書（Factory Operation Application）の提出	CDCを通じて，工場操業申請書を工鉱業・エネルギー省（Ministry of Industry, Mines and Energy「MIME」）に提出
10	建設許可（Construction Plan）申請書の提出	CDCを通じて，工場の建設許可申請書を土地管理・都市開発・建設省に提出
11	環境評価申告書（Environment Assessment Declaration）の提出	CDCを通じて，環境評価申告書を環境省に提出
12	労働登録書（Labor Registration）の提出	CDCを通じて，労働登録を労働・職業訓練省に提出

出所：「カンボジア投資ガイドブック」カンボジア開発評議会，2013年。

5　QIP資格の失効

　以下の事由に該当する場合，最終登録証明書は失効する可能性があるので注意が必要です。

- 詐欺または不実表示により最終投資登録証明書またはコンプライアンス証明書（責務履行証明書）[23]を取得した場合
- 関連省庁からのライセンスと最終投資登録証明書を受領後6ヵ月以内に投資活動を開始しなかった場合（ただし別途の期間を定めたコンセッション契約の場合は除く）

---

23) 各課税年度においてコンプライアンス証明書の発行を受けないかぎり，投資優遇措置が適用されない。CDCは，各会計年度末より90日以内にQIPに対し同証明書を発行するが，発行されなかった場合，同証明書は自動的に発効されたとみなされる（改正投資法施行に関する政令NO.111，18条）。

CDCまたはPMISからの最終投資登録証明書の取消通知に対し，投資家は通知受領後20日以内にCDCへ不服申し立てを行うことが可能です。最終投資登録証明書が取消されたQIPは，取消日以降，優遇措置を受けることはできません（改正投資法施行に関する政令NO.111，8条）。

6　投資ライセンス取得後の義務

　QIP取得後会社は，税務行政当局への各会計年度と月次の税務申告書およびコンプライアンス証明書の提出と，納税の義務を負います。

　輸入については，カンボジア開発評議会（CDC）と経済財務省に対し，査定書類を含む通関書類の認証謄本を輸入日から30営業日以内に提出する必要があります。さらに，カンボジア公認会計士・監査人協会（KICPAA）[24]に登録されている独立監査人による監査を受けた各会計年度の財務諸表の提出も求められます。

　また，製造に使用される資本財・設備の実質的輸入に関する報告書，および完成品の実質的輸出に関する報告書を，四半期ごとに不動産の年次在庫表と輸出に関する情報を，毎年，それぞれCDCに提出する必要があります（改正投資法施行に関する政令No.111，18条）。

---

[24]　「企業会計・監査及び会計業に関する法律」日本語訳JETROウェブサイト　JB Legal Consultancy翻訳（http://www.jetro.go.jp/world/asia/kh/law/）で確認可能。

第6節 経済特別区（経済特区）

1 概要

　カンボジアでは，数多くの輸出製品加工に向けた経済特別区（経済特区）が整備されています。2005年12月制定の「経済特別区の設置及び管理に関する政令第148（Sub-Decree #148 on the Establishment and Management of the Special Economic Zone)」によって，経済特区に関する規定が整備されています。同政令2条によると，経済特区には①一般工業区と②輸出加工区（100％輸出向け）の2種類があります。各経済特区は，CDCの認可を受けて設立されます。経済特区設立の条件は以下のとおりです（同政令3条）。

- 敷地面積50ヘクタール以上
- 「輸出加工区」，「自由商業地域」および特区内の各工場をフェンスで囲うこと
- 洪水対策や水処理，電力，通信，郵便などの設備が整っていること
- 雇用者や従業員のための住居地域や，大規模な道路，一般駐車場，防火設備が整っていること
- 下水施設，排水処理施設，固形廃棄物の貯蔵・管理所，環境対策，その他の関連インフラが備わっていること

　現在，カンボジア政府は外資導入のために，経済特区への進出を積極的に進めており，国内には認可ベースで22か所（2012年12月時点）の経済特区が存在しています。現在，稼働している経済特区は8か所となっています[25]。

---

25) 詳細な情報は，カンボジア経済特区（SEZ）マップ　JETROウェブサイトから取得可能。

日系の経済特区入居企業は，2013年に入り50社を超えており，2014年，2015年とさらに日系製造業の進出増加が期待されます。

2　運営組織

　原則的に，経済特区の開発はカンボジア開発評議会（CDC）が管轄しています。同評議会は経済特区に絡む紛争を解決するだけでなく，関連職員の任命も行っています。またCDC管轄下のカンボジア経済特区委員会は各経済特区内に常駐し，ワンストップ・サービスを提供しています。

　経済特区開発業者が当局に申請を行うプロセスは図表1-16のとおり（同政令3条）。

図表1-16　経済特区開発申請の流れ

申請機関	手続き	期日
CDC	特区開発業者は開発許可願を提出，同時にQIPの申請を行う	
CDC管轄下のワンストップ委員会	申請の可否を開発業者に伝える。認可される場合は，条件付登録証明書が発行される	申請から28日以内
CDC	開発業者は詳細な経済事業化調査・インフラ基本計画を実施，作成し，条件付き登録証明書に記載されたその他証明文書などを作成する	条件付き登録証明書発行から180日
CDCとその他関連機関	CDCは政府から必要な許認可を取り付け，最終登録証明書を発行する	開発業者による詳細な計画提出から100日以内
閣僚評議会（首相）	開発特区とその境界に関する政令の発布	開発者による詳細な計画提出から100日以内

出所：『カンボジア投資ガイドブック』カンボジア開発評議会，2013年。

第1章　カンボジアの進出法務

3　優遇措置

　経済特区で，特区開発業者や特区内投資家に適用される主な優遇措置は図表1-17のとおりです（同政令5，6，7条）。

図表1-17　経済特区における優遇措置

受益者	優遇措置
特区開発業者	・最長9年間の法人税の免除 ・特区におけるインフラ設備のために輸入される設備や建設資材の輸入税とその他税の免除 ・付加価値税が免除 ・特区開発業者は土地法に従い，国境付近ないしは遠隔地において経済特区設立のために，政府から土地のコンセッションを受け，それを特区への投資家に対し転貸することができる
特区内投資家	・関税その他の税に関して，他のQIPと同様の優遇措置の対象となる ・付加価値税が免除となる。優遇措置対象の特区内投資家については，生涯投入財輸入時において免除される付加価値税の額が記録され，製品として輸出されたときに記録が消去される。製品を国内に出荷した場合には，記録に従い，その量に応じた付加価値税を支払うことを要する
共通	・特区開発業者，特区内投資家または外国人労働者は，特区におけるすべての投資収益や特区内で受領する給与を国外銀行へ送金できる権利を有する ・外国人としての非差別取り扱い，非国有化，自由価格の保障が与えられる

出所：『カンボジア投資ガイドブック』カンボジア開発評議会，2013年。

4　その他規則

　輸出加工区では次のような特別規則が適用されます（同政令10条）。
① 　輸出加工区への貨物の輸入・輸出は，カンボジアの輸出入とみなされ，貨物の所有者は輸出入に先立ち，輸出加工区内の所轄部門で定められた手続きを行う必要があります。

② 輸出加工区での小売業は認められません。
③ 特区内投資家は輸出加工区で製造された製品の所有者であっても，経済特区管理事務所の許可を得ずにそれら製品を使用・廃棄することはできません。

第7節 会社法制

1 会社法に関する法制の概要

会社設立に関する法令としては，以下の法令やその他会社制度に関連する細則が存在しています。
- 商業規則と商業登記に関する法律（Law on Commercial Rules and Commercial Register，1995年6月に制定）
- 商業規則と商業登記に関する改正法（Law on the Amendment of the Law on Commercial Rules and Commercial Register，1995年6月に制定）
- 会社法（Law on Commercial Enterprise，2005年6月公布）[26]

2 株式

(1) 株式の種類

株式に関しては，会社法143条以下で定められています。各株式は発行価格を有し，会社はその発行価格以下で株式を発行することはできません。定款において，1種類もしくはそれ以上の種類株式を発行することができ，その株式に付される権利，特権，制限，条件を定めることができます（会社法145条）。株式の種類は，優先権付き株式，選択権付き株式，譲渡制限付き株式などが認められています（会社法145条）。定款の定めがないかぎりにおい

---

[26]「カンボジア会社法」日本語訳JETROウェブサイト　JB Legal Consultancy翻訳（http://www.jetro.go.jp/world/asia/kh/law/）で確認可能。

ては，すべて同種株式とみなし，これら株式に対する権利は平等であると規定されています（会社法144条）。

（2） 株式の譲渡

会社法および細則により定められた制限内において，株式は譲渡可能です。会社は株式の譲渡人と譲受人の両方の要求に基づき正確な記録を記載する必要があります（会社法154条）。

（3） 増資，減資

増資に関しては，取締役会の決議により増資提案を株主に対して提案することができます。会社は株主総会における特別決議により増資を実施することが可能です（会社法150条）。2014年1月時点では，手続き上，増資に関して商業省から追加資金の払込みを証明する書面を提出することは要求されていません。

減資については，増資と同様に特別決議により資本金を減少させることが可能です（会社150条）。しかしながら，以下の場合においては，債権者保護の観点から減資実施が規制されています。

- 減資の後，債務不履行となる場合
- 会社資産の（正味）実現可能価額（Realizable Value）[27] が債務総額未満となる場合

（4） 自己株式の取得

定款に基づいて，会社は自己株式を買い戻し，または買い付けることができます（会社法155条）。

---

27) 正味実現可能価額とは，通常の事業の過程における予想売価から，完成までに要する見積（追加）原価及び販売に要する見積費用を控除した額。

（5）配当

会社は取締役会からの提案を受け，株主総会での配当額の承認（会社法119条）を受けた後，会社は利益もしくは余剰金から株主に対して配当を分配することができます（会社法157条）。

しかしながら，減資と同様に債権者保護の観点から以下の場合において，配当支払いが制限されています（会社法158条）。

- 配当支払いの後，債務不履行となる場合
- 会社資産の（正味）実現可能価額（Realizable Value）が債務額および資本金総額未満となる場合

3　機関

会社法に規定される会社機関は次のとおり定められています。

（1）株主総会

①開催場所

株主総会は，カンボジア国内における基本定款または付属定款で規定する場所，もしくは取締役会の決定する場所で実施する必要があります（会社法205条）。議決権を有するすべての株主が同意すれば，株主総会はカンボジア国外で開くことも可能です（会社法205条）。

②株主総会の開催

取締役会は，会社設立後1年以内に創立株主総会を開催することを義務づけられています（会社法117条）。また，取締役会はいつでも臨時株主総会を召集することができます（会社法206条）。他方，株主は議決権株式の51％以上をもって，株主総会の開催を取締役会に要求することができます（会社法207条）。

③決議方法

定款などに特段の定めがないかぎり，株主総会の定足数は，議決権株式を保有する全株主またはその代理人の過半数です。（会社法217条）

④普通決議と特別決議

カンボジア法上，株主総会決議には(a)普通決議（Ordinary Resolution）と(b)特別決議（Special Resolution）が存在しています。

(a)普通決議は決議に投票した株主の過半数以上の賛成によって採択される決議を意味します（会社法88条7項）。

(b)特別決議は，その決議に投票した株主の3分の2以上の賛成により採択された決議を意味します（同条10項）。

会社法上の決議事項，定足数および議決権については，図表1-18のとおり規定，解釈がなされています。

第1章　カンボジアの進出法務

図表1-18　普通決議および特別決議に関するまとめ

	普通決議	特別決議
決議事項	①取締役の選任（118条），②取締役の報酬決定（119条）③取締役の解任（124条），④監査役の選任および報酬の決定（229条，231条），⑤監査役の解任（232条），⑥配当額の決定(119条) ※　日本会社法309条2項7号と異なり，監査役の解任を普通決議によって行うことが可能です（日本法上，監査役の解任は，特別決議が要求されています）*。	①資本金の変更（150条），②合併（245条），③解散，会社清算（252条），④定款の変更，会社の商号，目的，事務所住所および配当の変更（236条，238条） ※注1
定定数 （217条）	議決権を行使することができる投票株主（もしくはその代理人）の出席権が過半数を超えること ※注2 例外：定款で自由に定めることが可能	規定なし （解釈上は，普通決議の定定数の規定を準用）
決議要件 （218条）	投票株主の賛成が過半数以上の場合に可決 例外：過半数を上回る割合であれば，定款で自由に定めることが可能	投票株主（もしくは代理人）の賛成が少なくとも3分の2以上の場合に可決 例外：定款で3分の2以上を上回る割合で定めることが可能

＊　その他細かい部分で日本会社法と異なる点がありますが，重要事項ではないので，ここでは省略しています。

注1：合弁契約，合弁会社設立時の問題点
　上記のとおり解散や定款の変更に際しては，法律上，特別決議を実施することが義務づけられています。しかしながら，各種定款の変更や解散手続きの開始など商業省を通じる申請，登録に関しては，議決権を有する株主全員の合意および署名が求められています（事実上，それを証明する書面がないと商業省は各種申請を受け付けてくれません）。
　つまり，「出席株主の3分の2以上」という特別決議の規定は完全に無視されている状態であり，注意が必要です。この法律と運用の乖離を踏まえ，現地パートナーの選定や合弁契約の締結には慎重を期す必要があるかと思います。

注2：株主の頭数について
　シンガポール等では定定数は2名以上の株主の参加が必要となっており，株主の頭数が問題となるケースがあります。この点，カンボジア法上においては，株主総会決議において株主の頭数は考慮されず，議決権を有する株式数のみ基礎に判断されます。株主の頭数を考慮する必要は特にありません。

第 7 節　会社法制

(2) 取締役
①取締役の資格
　18歳以上の法的能力のある自然人であれば，会社の取締役もしくは役員を務めることができます（会社法120条）。基本定款および付属定款に特段の定めがないかぎり，取締役は株式購入やその他の資格を満たす必要はありません（会社法120条）。また，国籍要件や居住要件等の制限も特段存在しておりません。
　したがって，全員，国外居住の取締役で構成されていても問題ないと理解されています。なお，カンボジア王国内の公務員は会社の取締役になることはできないと規定されています（公務員一般法に関する法律35条）[28]。

②取締役の選任・解任・任期
　取締役の選任・解任は，株主総会の普通決議事項となります（会社法118条，124条）。解任のための条件などは特段規定がなく，株主総会の普通決議があれば解任は可能です。
　取締役の任期は2年間であり（会社法121条），再任も可能です。

③取締役の人数
　取締役の人数は，非公開有限責任会社の場合だと1名以上，公開有限責任会社の場合，3名以上の取締役を設置することが義務づけられています（会社法118条）。

④取締役の権利・義務
　取締役の権利義務については，会社定款で定められます。取締役は会社の事業目的と定款，法令の範囲で誠意をもって行動することが求められるとともに，登記や申告，公示に関する義務を負います。さらに，取締役は，年次株主総会で株主に対し各会計年度の決算書を明らかにする義務があり（会社

---
28)　「公務員一般に関する法律」35条。

法224条)，この決算書の公示にあたっては，取締役および取締役会による承認と，監査役による報告書の添付が求められます（会社法226条）。

（3）取締役会

　カンボジアにおいては，取締役会は必要機関であり，取締役会非設置会社は認められていません。

　取締役会は，カンボジア王国内にて少なくとも3ヵ月に1度開催することが義務づけられています。また，定款上に規定した場合，カンボジア王国外での書面，電話による取締役会も可能です（会社法128条）。取締役会の定足数は，全取締役の過半数です（会社法132条）。1名の取締役は，1議決権を有します。決議要件は，出席取締役の過半数の賛成となっています（会社法132条）。取締役会事務局は，取締役会の議事録を作成，保存しなければならないと規定されています（会社法132条）。

　また，取締役会の権限は会社法119条で定められています。権限は広範ではありますが，具体的には①職員の任命および解雇，②職員の給与の決定，③社債など債務証書の発行，④金銭の借入れなどが規定されています。

　なお，取締役会の過半数の書面による決議により委員会を設置することができます。委員会は取締役会の過半数により指定された1名以上の取締役によって構成されます（会社法131条）。

（4）監査役

　公開会社の株主は，年次の株主総会およびその後の定時総会において，監査役を選任することを義務づけられています（会社法229条）。監査役の選任，報酬決定は，普通決議事項となっています（会社法229条）。ただし，非公開会社は監査役を設置しない決議を採択できます（会社法230条）。したがって，公開会社を除いては，監査役を任意に設置することが可能です。なお，監査役の任期は1年となります（会社法229条）。

　監査役は，会社法において要求される計算書類について，株主に対して報告を行うために必要な調査を実施することができます。他方，会社の取締役，

従業員などは監査役の要求に基づき，会計帳簿などの各種情報を提供する必要があります（会社法234条）。

(5) 会計監査人

以下の2つの基準を満たすすべての個人事業主もしくは会社は，「カンボジア公認会計士・監査士協会（Kampuchea Institute of Certified Public Accountants and Auditors：KICPAA）」の監査士リストに登録されており，独立性を有している会計監査人による監査を受ける必要があります（会社会計，監査および会計業法に関する法律16条）。

- 年間売上高30億リエル（約75万USドル）以上
- 総資産20億リエル（約50万USドル）以上
- 従業員数100名以上

上記に該当しない会社においては，会計監査を受ける必要はありません。

図表1-19　カンボジアと日本の機関の制度比較

	カンボジア	日本
株主総会	1名以上の株主（30名まで）	1名以上の株主
取締役	非公開有限会社：1名以上 公開有限会社：3名以上	1名以上
取締役会	必要的設置機関	任意的設置機関
監査役 （監査役会）	非公開有限会社：任意的設置機関 公開有限会社：必要的設置機関	取締役会設置会社においては必要的設置機関
会計監査役	会計業法により定められた要件を満たす会社においては必要的設置機関	上場企業または大企業（公認会計士もしくは監査法人）においては必要的設置機関

第8節 不動産法務

1 土地制度

(1) 土地に関する法制の概要

「土地法（Land Law）[29]」は1992年に制定され，その後2001年に改正されています。2001年土地法は，土地所有や地役権，使用権，担保権，営業権（コンセッション），賃貸借など土地に関する権利や，相続による譲渡，譲渡の登録手続きなどを定めています。

カンボジア政府は2001年の土地法改正を受けて，2002年に土地委員会（Cadastral Commissions）[30]を地方・全国レベルで設置し，同委員会に対して未登録の不動産に関する紛争解決や土地の合法的所有に関する判断などを行う権限を与えています。

また2001年土地法の下では，国土管理・都市計画・建設省（Ministry of Land Management, Urban Planning and Construction）[31]に，不動産に関する権利書の発行権限と国有不動産の管理権限が与えられています。

2 カンボジアの土地制度の歴史

カンボジアの土地制度に関する状況は，同国近代史の波乱を反映して無秩序なものでありました。1975年以前は私有地の所有は法律で守られた権利で

---

[29] 「カンボジア土地法」日本語翻訳JETROウェブサイト　JB Legal Consultancy翻訳（http://www.jetro.go.jp/world/asia/kh/law/）で確認可能。
[30] 土地委員会のウェブサイト（http://www.mlmupc.gov.kh/?page=detail&menu1=23&ctype=article&id=23&lg=en）。
[31] 国土管理・都市計画・建設省のウェブサイト（http://www.mlmupc.gov.kh/）。

ありましたが，クメール・ルージュ時代に入り，土地に関するすべての私有権は剥奪されました。クメール・ルージュ政権崩壊後の1979年以降，国家がすべての不動産の所有者となる典型的な共産主義型土地制度が導入されました。

1989年以降，政府は国土の私有を容認する法令を相次いで制定し，カンボジア人による土地・建物の私有化を進めました。土地の私有化は，ファミリー・カードや占有期間の長さなどを基礎に行われ，通常は家族全体による共有が行われました。土地所有権の移転には，夫妻およびすべての18歳以上の子供の署名が必要となるため，この要件を満たすことができず，裁判所に持ち込まれる案件も多い状態でした。

1989年以降の法令をはじめ，1992年の土地法，2001年の改正土地法などにより，カンボジアの現在の土地に関する登録，権利，所有，譲渡などの手続きは明文化され，国土管理・都市計画・建設省が，不動産所有に関する正式な権利書を発行しています。

カンボジアへの投資に際しては，外国人投資家は土地利用の際に，所有者が関連当局発行の正式な権利書を保持しているか確認する必要があります。権利書がない場合は，地主が正当な所有者であるかを，地元当局などを通じて関連文書などを見直し，調査する必要があります。

また2011年12月に施行された新民法には，土地法の規定を補足・削除する多数の条項が記載されており，土地に関する法制度に大きな影響を与えています。さらに，2013年1月に不動産登記に関する共同省令が施行（完全施行は2013年7月～）されており，土地保有や移転の透明化が図られることが期待されています。

3 土地利用

（1） 外国人の土地保有，利用

カンボジアでは，土地の所有はカンボジア国民，および内国会社[32]にのみ認められており，憲法44条および土地法8条によれば，外国人または外国

法人が土地を所有することは禁じられています（後述する区分所有について例外あり）。

また，土地コンセッションや土地の無期賃貸借，更新可能な有期賃貸借は，すべての投資家に認められています。2011年12月に施行された新民法により土地利用に関する概念が明確化され，補足されています。

（2） 長期賃貸借

土地賃貸借には，「(期間の定めのない)無期賃貸借」と「有期賃貸借（永借権）」が存在しています（図表1-20）。有期賃貸借には，更新可能な短期賃貸借と15年以上の長期賃貸借（永借権）があります（土地法106条，民法224条）。長期賃貸借は該当不動産に対する実質的な権利を構成しており，相続による移転や，抵当権の設定，再リースなどが可能となっています。2001年土地法では，長期賃貸借を含むすべての不動産に関する担保の登録を定めています。長期賃貸借を行う投資家は，内国会社を通じた土地所有の場合と同様，地主の土地所有権を確認することが重要となります。新民法では，長期賃貸借（永借権）の最大年数は50年と定められています（更新可能）。

図表1-20　無期賃貸借と有期賃貸借（短期賃貸借と長期賃貸借）

		定義	特徴
有期賃貸借	短期賃貸借	15年未満の賃貸借契約	
	長期賃貸借（永借権）	15年以上の賃貸借契約	・書面契約の必要あり ・登記をすれば，第三者もしくは新所有者に対抗可能 ・50年を超えない期間で更新が可能 ・賃借権の譲渡，転貸，相続が可能
無期賃貸借		期間の定めなし	

---

32)　「内国会社」とは，51％以上の株式をカンボジア人または内国会社が所有している企業を指す（会社法101条）。

(3) 免許制（コンセッション「Concession」）

コンセッションは2001年土地法の下で，①社会的土地コンセッション，②経済的土地コンセッション，③使用・開発・探査コンセッションに分類されています（土地法48，49条）。それぞれのコンセッションの運用は政令によって規定されています。

①社会的土地コンセッション

社会的土地コンセッションに関する政令（Sub-Decree on Social Land Concessions）は2003年に制定されています。

社会的土地コンセッションとは，世帯主で土地所有の法的能力を有するカンボジア国民に対し，国家私的使用地[33]での住宅建設や耕作を認める法的な仕組みです。社会的土地コンセッションは，下記記載の1つもしくはそれ以上の社会的な目的のために認められます。

- 貧しい住居のない世帯への居住施設整備を目的として土地を提供する場合
- 貧しい世帯に対する農家畜産を目的として土地を提供する場合
- インフラ開発により強制退去させられた世帯に対する定住地を提供する場合
- 自然災害の被害を被った世帯に対して土地を提供する場合
- 召集解除された兵士および障害を負った，もしくは，亡くなった兵士の家族へ土地を提供する場合
- 経済開発を促進する場合
- 居住施設の建設または農家畜産を目的とする大規模プランテーションの労働者に対する土地の提供により，経済的土地コンセッションを促進する場合

---

[33] 国有地には，自然林や湖，池，鉄道，港，国立公園，公立学校など一般の利益に資するための「国家公的使用地（State public land）」と，国家公的使用地に指定されておらず，2001年土地法の下で正式に個人や地域の保有となっていない「国家私的使用地（State private land）」の2種類がある。

- 十分に開発されていないエリアを開発する場合

　また，社会的土地コンセッションの取得規模の制限としては，居住に関する目的で供与される場合の上限は1,200平方メートルとなっています。社会的土地コンセッションの取得規模は，農村地域では3,600平方メートルまで引き上げることが可能と規定されています。
　特に都市部において，規模が適切な場合にかぎり，居住に関する目的で供与される社会的土地コンセッションは，共有という形態により取得することが可能です。
　さらに，農家畜産目的で供与される社会的土地コンセッションの取得規模上限は，2ヘクタールとなっています。もっとも，土地の性質および潜在能力，収穫物の種類や受領者世帯の労働力に応じて，5ヘクタールまで引き上げることが可能です。

②**経済的土地コンセッション**

　経済的土地コンセッションに関する政令（Sub-Decree on Economic Land Concessions）は，2005年に制定されています。経済的土地コンセッションとは，高度な資本投資が必要とされる集中的な農業や農産業の開発，農村部での雇用促進を目的に，工業や農地開発のために土地を整地することを認められる法的な仕組みです。経済的土地コンセッションの趣旨は，以下のとおりです。
- 先進的な農業の発展，および高額な資本投資を必要としている農業関連産業の発展
- コンセッション契約の中で与えられている特定の目標達成
- 地方における雇用の創出，増加
- 投資の促進
- 国家歳入の増大

　カンボジア政府はこれまで，経済的コンセッションを利用して，キャッサ

バ，サトウキビ，ゴム，アカシア，アブラヤシ，チークなどの大規模なプランテーションへの民間投資を促進してきました。従来は，100万リエル（250USドル）未満の投資額，または1,000ヘクタール未満の用地は，州・特別市の知事が経済的コンセッションの供与を行っていましたが，2008年に州・特別市の知事の権限が廃止され，すべて農業・森林・漁業省が責任を有することとなっています。

経済的コンセッションは，次の基準を満たす土地に対してのみ供与されています。

- 登記済みの国家私的使用地
- 土地利用計画が，州・特別市土地管理委員会が策定する土地利用計画に適合している
- 土地使用と開発計画に関し，環境および社会的影響評価が終了している
- 土地所有者の移住問題に対する解決策がある
- 該当プロジェクトについて，土地当局と住民の間で説明会がもたれている

経済土地コンセッションでは，最大で1万ヘクタールの土地が与えられています。また，経済的土地コンセッションの継続期間に関して，契約当事者は契約期間を定めるために協議を実施する必要があります。

③使用・開発・探査コンセッション

2007年10月発布の「コンセッション法（Law on Concession）」[34]では「使用・開発・探査コンセッション」を対象として民間出資によるインフラ整備を進めるためインフラ整備コンセッションの制度が新たに導入されています。インフラ整備に関してコンセッションに適用されるプロジェクトには以下があげられます。

---

34) 「カンボジア王国の投資に関する法律・政令」（2003年以降の主要なものの仮和訳）」独立行政法人国際協力機構，2008年3月。

第1章　カンボジアの進出法務

- 発電，送電および配電
- 道路，橋，空港，港，鉄道，人工運河等のインフラおよび輸送設備システム
- 上水の給水および衛生設備
- 通信および情報技術インフラ
- 観光地および美術館等の観光プロジェクト向けインフラおよび物的基盤
- 石油およびガスのパイプライン等のガソリンおよび石油の産業部門向けインフラ
- 下水設備，排水および浚渫(しゅんせつ)
- 廃棄物の管理および処理
- 健康，教育および運動に関連する公的インフラ
- 特別経済区および社会住宅事業向けインフラ
- 潅漑システムおよび農作業向けインフラ
- 特定法により本営業権の付与が認められているその他の産業部門

インフラ整備コンセッションの契約は，次の様式によります。
- 建設・運営・譲渡（BOT）
- 建設・リース・譲渡（BLT）
- 建設・譲渡・運営（BTO）
- 建設・所有・運営（BOO）
- 建設・所有・運営・譲渡（BOOT）
- 建設・協力・譲渡（BCT）
- 拡張・運営・譲渡（EOT）
- 近代化・運営・譲渡（MOT）
- 近代化・所有・運営（MOO）

インフラ構築プロジェクトの官民共同実施を含め，リース・運営管理・管理契約，またはその派生または類似するプロジェクトなどに適用されます。

適格インフラ構築プロジェクトは政令が定める手続に従って承認されないかぎり，コンセッション契約を実施することはできません（コンセッション法11条）。

カンボジア政府は，海外または国内の競争入札手続を介して，または状況に応じ営業権者を政令に定める交渉手続に従って選考しています（コンセッション法12条）。また営業許可期間はコンセッション契約の署名日から30年以内となりますが，プロジェクトの性質から必要とみなされれば，政府は営業許可期間を延長することができると規定されています（コンセッション法37条）。

（4） 区分所有

外国人または外国法人は原則として土地を所有することができませんが，区分所有権については，民間集合住宅（多層階アパートなど）の，地上1階と地下階を除いた部分の区分所有が認められています。

ただし，外国人または外国法人の保有割合はこの集合住宅全ユニットの70％を超えることはできないと規定されています。2009年8月，不動産開発会社や建物所有者に対し，2001年以降に建設された建物に関する区分所有権を認める政令が制定され，さらに2010年5月制定の法令（Law on Providing Foreigners with Ownership Rights in Private Units of Co-owned Buildings）および同年7月発布の政令（Sub-Decree No.82 on the Determination of the Proportion and Methods for Calculating Private Units that Can Be Owned by Foreigners in Co-Owned Buildings）によって外国人の区分所有権の保有が認められています[35]。上記の政令および細則の中で，管理組合などの設立手続き，決議方法なども規定されています。

---

35) プノンペンなどの都市部では，既に外国人のコンドミニアム需要が高まっている（プロパティー・レポート，2011年1月28日）。プロパティー・レポート（http://www.property-report.com/site/cambodias-new-foreign-ownership-laws-giving-condo-sales-a-lift-11511）。

第9節　撤退法務

　撤退に関する法律は、「会社法[36]」や「破産法（Insolvency Law）」に規定されています。撤退には、会社法上に基づく解散手続きと破産法に基づく破産手続が存在しています。多くの撤退のケースでは、会社法上に基づく解散手続きが利用されています。

1　解散手続

　会社は、株主総会の特別決議[37]に基づいて解散することができます（会社法252条）。また、株式を発行したことのない会社は、取締役会決議によりいつでも解散することができます（会社法251条）。

　会社は、商業省の企業管理部署に解散趣旨書を送付し、税金の決算証明書を取得次第、商業省は「解散証明書」（Certificate of dissolution）を発行します。税務監査過程によっても変動する可能性がありますが、任意解散手続きには（通常）2-3ヵ月を要します。

　取締役または年次株主総会における投票権を有する株主は、会社の自発的清算または解散を提案することができますが、その場合の手続きについては会社法252-257条に記載されています。

　会社閉鎖については、2014年1月現在、比較的容易に閉鎖が可能となっています。懸念事項としては、閉鎖の際に税務局からの監査が実施される際、これまでの税務処理がきちんと行われていない場合、閉鎖の時期が伸びる、

---

36)　「カンボジア会社法」日本語訳JETROウェブサイト　JB Legal Consultancy翻訳（http://www.jetro.go.jp/world/asia/kh/law/）で確認可能。
37)　定足数は定款に基づく。定款に記載がない場合は、会社法に基づく。同法217条は株主総会の定足数を、株主および代理人の過半数と規定。同法では、普通決議と特別決議の定足数を区別していない。特別決議の可決条件は、3分の2以上となっている（同法88条）。

もしくは別途追加費用がかかる可能性があるので注意が必要です。

図表1-21　解散手続きの申請プロセス

手順	申請プロセス	条件／基準
1	取締役会決議／株主の特別決議	
2	解散趣旨書の提出	会社は商業省に対して，解散趣旨書を提出する
3	解散趣旨証明書の受領	商業省は解散趣旨書の受領後，解散趣旨証明書を発行
4	債務者への通知／解散趣旨証明書の公示	2週間以内に新聞掲載
5	税金の決済	
6	税金の決済証明書の発行	経済財政省より発行される
7	商業省への会社解散の通知	
8	解散証明書の発行	

2　破産手続

　カンボジアでは，「破産法（Law on Insolvency）」が2007年10月に成立し，同年12月に施行されています。破産法は，債務者の財産に対する秩序ある請求方法を規定しています（破産法2条）。カンボジアで資産を有するすべての業者および法人に適用されます（破産法3条）。

　会社が，総額500万リエル（1,250USドル）以上の債務を返済できない場合，会社の取締役，債権者，または検察官は，破産処理手続きを開始することができます（破産法7条，8条）。

第1章　カンボジアの進出法務

図表1-22　破産手続きの申請プロセス

手順	申請プロセス	条件／基準
1	株主および取締役会の破産手続き決定	破産手続き申し立てに関する採決が必要
2	裁判所に対する破産手続き開始の申立て	
3	管財人の選任	会社は司法省が作成したリストから管財人を選任する。
4	破産手続きに関する法定審問	申立て提出後15日以内（破産法12条）
5	破産手続き開始もしくは却下判決	法定審問後14日以内（破産法13条1項）
6	破産手続きの開始	・管財人の選任 ・会社清算手続き などが開始される。
7	破産手続開始の公告	最低2社のカンボジア大手日刊紙へ掲載しなければならない（破産法18条2項）。
8	管財人による資産リストおよび債権者リスト作成	
9	債権者への通知	管財人は債権者リストに基づいて，債権者に会社が破産手続を開始したことを通知しなければならない（破産法13条）。
10	会社清算の開始	管財人は裁判所の監督下にて，清算を開始し，主導する。
11	管財人による活動報告書，（残余財産の）配当	
12	最終債権者集会	最終債権者集会は，管財人の報告書の受理から14日以内に裁判所の主導の下，実施される（破産法29条）。
13	破産手続終了の公告	カンボジア公報と日刊紙への掲載が必要である（破産法61条2項）。

第2章

カンボジアの労働法務

第2章　カンボジアの労働法務

第1節　労働に関する法制度の概要

　カンボジアにおける労使関係，雇用，労働条件その他の労働関連事項は，以下の関係規則により規定されています。

- 憲法（the Constitution）
- 1997年労働法（Labor Law）[1]
- 労働省省令（Regulations of the Ministry in charge of Labor）
- ILO国際労働基準（International Labor Standards of the ILO）
- 雇用契約書（Employment Contract）
- 就業規則（Employer's internal Regulations）[2]　　など

　特に，その中でも1997年労働法によって労働規制の中核が定められています。本労働法は，1992年労働法を改正したもので，労働者の集団交渉や組合結成，ストライキ実施の権利を認めています。雇用契約の変更等に関する規定など不明な点も存在していますが，徐々に世界的水準の労働法制度へ整備されつつあります。

　もっとも，1997年労働法は，1992年労働法から大幅に修正された形ではあるものの，社会主義的内容が残されているともいわれています。また，本労働法を支える細則も十分に整備されているわけではなく，細則の整備が待たれます。

1）「カンボジア労働法」JETROウェブサイト　JB Legal Consultancy翻訳（http://www.jetro.go.jp/world/asia/kh/law/）で確認可能。
2）「カンボジア労務マニュアル（第2改訂版）」JETROウェブサイト JB Legal Consultancy藪本雄登作成（http://www.jetro.go.jp/world/asia/kh/law/）雇用契約および就業規則のサンプル取得可能。

第2節 労働者の雇用

　雇用者は労働者を雇用する際，カンボジア人労働者を雇用することが奨励されています（労働法263条）。しかし，外国人労働者に対しても，要件を満たせば，幅広く受入れを認めています。カンボジア労働法では，国際労働基準に従い，強制労働（労働法15，16条）および児童労働（労働法177条）は禁止されています。

　雇用者は労働法に基づき，事業の開始と終了，従業員の雇用や解雇などについて労働省に報告する必要があります。また，雇用者は現地従業員に対して労働省発行の雇用ブックを発行する必要があります（労働法32条）。加えて，すべての雇用主は労働担当省に定められた書式に従った給与元帳を常に保管する必要があります（労働法39条）。

1　外国人労働者

　雇用者にとって，カンボジア人労働者の雇用について法律上の人数制限はありませんが，外国人労働者の雇用には制限が存在しています。

　雇用者は，カンボジア人に資格および専門知識を有する者がいない場合において，これらの経験を有する外国人労働者を雇用することができると規定されています（改正投資法18条）。外国人労働者が就業するには次の要件を満たす必要があります（労働法261条）。

外国人労働者の就業条件
・労働・職業省（Ministry of Labor and Vocational Training，「MLVT」）発行の雇用カード（Employment Card）と労働許可（Work Permit）の保有 ・合法的にカンボジアに入国していること

> ・有効な居住許可を有していること
> ・有効なパスポートを保持していること
> ・適切な評価と規律を有する者
> ・自らの職業を為し得るだけ健康で，伝染病を有していないこと

　外国人労働者に対する労働許可証（以下，雇用ブックと雇用カードをあわせて，労働許可証という）の発行は，労働・職業訓練省の管轄となります。本労働許可を所持していなければ，外国人は就業することができないと規定されています（労働法261条，労働許可については第3節で後述）。

　また，外国人労働者の居住許可の発行は，内務省（Ministry of Interior）[3]の管轄です。居住許可の取得には，外国人労働者は書面による雇用契約書を内務省に提示する必要があります。

　2001年7月16日に公布された外国人労働者の就業に関する政令によれば，雇用者はカンボジア人労働者の10%以下の数で外国人を雇用することを許可しています。

　10%の内訳は，下記のとおりです。

- 外国人オフィススタッフ　3%
- 専門知識を有する外国人従業員　6%
- 通常外国人従業員　1%

　外国人労働者の比率が10%以上となる場合，労働省において従業員割当申請の際に，特例許可に関する手続を経る必要があります。本政令によれば，特例措置に関しては，外国人従業員の役割，専門知識，会社にとっての重要性を明確に証明することができれば，労働省にて特別申請用紙の提出と追加費用の支払が必要となるものの，2014年1月時点においては比較的容易に取得することが可能です。

---

[3]　内務省のウェブサイト（http://www.interior.gov.kh/）

2　児童労働

　正規雇用における最小年齢は15歳と規定されています（労働法177条）。雇用に際しては，年齢を記載した登録簿を保管する必要があります（労働法179条）。18歳以下の労働者に関しては，親もしくは保護者の同意なくして雇用契約を締結することはできません（労働法181条）。また，18歳以下の労働者は，夜間労働に従事することはできません（労働法175条）。

3　障害者の雇用

　カンボジアには，戦争や不発弾などによる身体障害者が多いといわれており，カンボジア政府は2010年8月制定の政令（Sub-Decree on Determination of Rate and Procedure for Selecting Disabled Persons for Employment）で，障害者雇用を義務づけています。100人以上の従業員を雇用する企業は，社会福祉・労働・職業訓練・青年リハビリテーション省（Ministry of Labor and Ministry of Social Affairs, Veterans, and Youth Rehabilitation：MOSAVYR）が業務ごとに定める役割や責任を果たすことができる障害者について，全従業員の1％にあたる人数を雇用しなければならないと規定しています。これを遵守しない企業は，障害者の月額最低賃金の40％に相当する金額を障害者基金（Disabled Person Foundation）に支払うことが義務づけられています。

　同政令によれば，100人以上の従業員を雇用する企業は毎年1月に，労働省にフルタイム従業員の総数と障害者雇用の比率を報告する必要があります。

4　健康診断

　すべての労働者は労働医療局で健康診断を受けることが求められています。雇用者は当該健康診断費用を負担する義務を負います（労働法247条，1994年9号省令）。

第3節 外国人労働許可証の取得

第2節では，外国人労働者の雇用に関する制限および各種就業条件について記載しましたが，外国人労働者が，労働法上の制限および条件を満たす場合，労働許可（雇用カードおよび雇用ブック）を取得する必要があります。

外国人労働者に対する労働許可の発行は，労働・職業訓練省の管轄となります。本労働許可を所持していなければ，外国人は就業することができません（労働法261条）。

会社が雇用する外国人労働者について労働許可の発行を受けるためには，まず労働省に対して，会社設立宣言（Declaration of Company Opening）を行っていることが前提となります。会社設立に関する宣言証明書が受領された後，従業員割当表，労働許可発行申請フォーム，健康診断や登録料支払いなどの手続きを完了させる必要があります。すべての手続きが完了した後，労働許可が発行されます。

通常，労働許可の取得には，約3ヵ月から半年程度の時間がかかるため注意が必要です。労働許可は毎年更新しなければならず，毎年外国人登録料（100USドル）を支払う必要があります。

労働許可取得の流れ（会社設立宣言を含む）は以下のとおりです。

① （労働・職業訓練省への）会社設立宣言

労働許可証を取得する前提として，労働省に対して会社設立宣言を行う必要があります。申請に際して，以下の書類が必要となります。

- 商業登録証
- 会社定款（現地法人の場合）
- 税務登録証（パテント）
- VAT証明書

- 事業目的証明

会社設立宣言の更新は3年ごとに必要となります。

②従業員割り当て（Quota）申請

会社設立宣言が完了した後，従業員割当て申請を行う必要があります。申請の際に雇用者は，雇用している現地労働者および外国人労働者の給与や職務内容などの情報を労働省に通知する必要があります。

また第2節で説明したとおり，2001年7月16日に公布された外国人労働者の就業に関する政令によれば，雇用者はカンボジア人労働者の10％以下の比率で外国人を雇用することを許可しています。

外国人労働者の比率が10％以上となる場合，労働省において従業員割当申請の際に，特例許可に関する手続きをとる必要があります。本政令によれば，特例措置に関しては，外国人従業員の役割，専門知識，会社にとっての重要性を明確に証明することができれば，比較的容易に取得可能です。

③労働許可証・雇用カード申請

従業員割当て申請完了後，労働省から労働許可証が配布されます。その書面に署名を行い，再度労働省に提出します。加えて，下記の書面を添付する必要があります。

- 申請フォーム／労働許可証（雇用ブックのみ）
- 会社設立宣言証明書
- 雇用契約書（労働省奨励モデル[4]）
- パスポートのコピー
- 写真（3cm×4cm）

雇用契約書は2年間有効。2年経過後，再度提出が必要となります。

---

[4] 「カンボジア労務マニュアル（第2改訂版）」JETROウェブサイト JB Legal Consultancy藪本雄登でサンプル取得可能。

第 2 章　カンボジアの労働法務

④健康診断

上記申請と並行して，労働許可を取得する外国人労働者は，労働省保険局にて健康診断を行う必要があります。診断では，体重および身長測定，血液検査などを行います。

会社は健康診断料として，外国人 1 名当たり15USドルを支払う必要があります（2006年労働証明書，労働記録，健康診断サービスにかかる費用に関する省庁間政令No.1191）。

毎年，更新のタイミングで健康診断を実施する必要があります。

⑤登録料支払い

上記申請完了後，労働省へ外国人登録料を支払う必要があります。費用に関しては，年間100USドルを労働・職業訓練省に支払う必要があります（2006年労働証明書，労働記録，健康診断サービスにかかる費用に関する省庁間政令No.1191）。登録税の支払いは，商用ビザの取得年度を起算点として，登録税の支払いが要求されるので，注意が必要です。

登録料の支払いは毎年必要となります。更新手続は，労働省より毎年 9 月～11月末までに行うよう指導が行われています。

⑥申請完了

すべての申請書類の提出および申請費用の支払後，以下の書類が労働省より提供されます。

- 労働許可証（雇用ブック，雇用カード）
- 会社設立宣言書およびその他関連書類
- 労働調査記録書
- 給与元帳

なお，労働者が 8 名以上の場合，就業規則を労働省にて登録する必要があります。

雇用ブック（Employment Book）およびその他書面に関しては約 2 － 3 ヵ

月程度で取得可能です。ただし，雇用カード（Employment Card）に関しては，約3ヵ月－半年程度，取得まで時間を要します。

　申請期間中には，労働省より申請証明書が発行されるので，労働監督官による監査が行われた場合には申請証明書を提出すれば，2014年1月現在，対応は可能となっています。

第4節 雇用の分類，形態

1 雇用契約の分類

カンボジア労働法においては，以下の2種類の労働契約形態が存在しています。

①有期労働契約
有期労働契約とされるためには，以下の条件を満たす必要があります（労働法67条）。
- 書面による契約であること
- 2年以内の契約であること
- 正確な契約開始日と終了日が契約書に記載されていること

有期労働契約の契約期間は，最長でも2年を超えてはならないと規定されています。この規定に違反した場合，その契約は無期労働契約となるので注意が必要です（労働法67条2項）。

②無期労働契約
無期労働契約は，契約時に明示ないし黙示的に，契約時や契約中に有期労働契約が無期労働契約に変更されることで締結されます。有期労働契約は，以下のいずれかの場合，無期労働契約に変更されます。
- 有期労働契約が書面で結ばれていない場合（労働法67条7項）
- 有期労働契約が2年以上で結ばれている場合（労働法67条2項）
- 2年以内の有期労働契約が終了した後も暗黙のうちに業務が引き続き行

われている場合（労働法67条8項）

有期労働契約の終了後に，無期労働契約に移行する場合，労働者の雇用年数は両方の契約期間を含める必要があります（労働法73条）。

2 雇用の分類

カンボジアにおける雇用の形態には，正規雇用，試用期間中の雇用，非正規雇用や見習い契約などが存在しています。

①正規雇用
正規従業員とは，恒久的に仕事に従事する者を意味します（労働法9条）。

②試用期間
試用期間は，雇用主が労働者の職業適性を判断するため，および労働者が提供される労働状況および内容を具体的に理解するための期間と定義づけられています。試用期間は，正規従業員は3ヵ月，専門労働者は2ヵ月，非専門労働者は1ヵ月を超えてはならない（労働法68条）と規定されています。
ただし，2004年13号労働仲裁裁定によれば，プノンペン市内における縫製業に関しては，試用期間は2ヵ月以内とする旨が規定されています。

③非正規雇用
非正規従業員とは，以下の契約を締結した者をいいます（労働法9条）。
- 短期間で終了する特定の仕事を行う者
- 一定期間中，もしくは周期的，季節的に仕事を行う者

非正規従業員は，正規従業員と同じ規則，義務に拘束されます。加えて，正規従業員と同じ権利を有します。ただし，別途契約などで規定されている場合は除きます（労働法10条）。

第2章　カンボジアの労働法務

近年，飲食業やサービス業の進出が増加しており，アルバイトやパートタイムなどの雇用形態を増えてきていますが，現在のところ，パートタイム労働者を規律する法律などは施行されていません。

④見習い契約者
（手工芸などの）仕事内容を修得するため雇用主と徒弟関係を締結している者をいいます（労働法8条）。見習いを訓練する期間は最長2年間を超えてはならないと規定されています（労働法第51条）。

⑤派遣（アウトソーシングや委託）
派遣に関しては，具体的な細則が存在していません。法的に認められた労働形態であるかの判断に関しては，政府の見解もしくは細則の整備を待つ必要があります。

⑥管理職および非管理職
現在，カンボジアでは管理職で雇用される人材が増加していますが，カンボジア法上，管理職と非管理職を明確に定義する法律は存在していません。管理職であっても，労働法の規定が同様に適用されます。

第5節 雇用の開始，中断，終了

1 労働契約の開始

労働契約の締結により労働契約が開始します。契約は書面もしくは口頭にて締結される必要があります（労働法65条）。

2 労働契約の中断

労働契約は以下の理由により，中断することができます（労働法71条）。
- 雇用主が兵役に就く，または軍事訓練による強制徴用のために事業所を閉鎖する場合
- 兵役または軍事訓練の義務期間の間，仕事がない場合
- 資格を有した医師によって証明された病気により労働者が欠勤する場合（この欠勤は最大6ヵ月までだが，復職まで延長できる）
- 業務上の事故または職業病による障碍の期間
- 妊娠，出産，その他すべての産後の病気の女性労働者に認められる離職
- 法，労働協約，または個別合意をもとにした，雇用主により認められた労働者の欠勤
- 内部規則に従った正当な理由による労働者の一時的な解雇（layoff）
- 有給休暇とそれに付随した旅行期間も含めた期間の労働者の欠勤
- 有罪判決なく労働者が投獄された場合
- 不可抗力の事態によって義務の実現が一方の当事者によってなされ得ない場合（最大3ヵ月まで中断されます）
- 企業が重大な経済的または物質的困難，またはその他特定の異常な困難

に直面し，これら困難によって事業の中断が引き起こされた場合（この中断は2ヵ月を越えてはならず，労働監督官の監視の下におかれます）中断の理由が取り除かれ，法律に従い事前通知を行った場合，雇用主は中断した契約を復帰させることができます（労働法71条）。

3 労働契約の終了

解雇に関する規定は，労働法およびその他政令等により定められています（労働法73条以下）。解雇には，有期労働契約の終了と，無期労働契約の終了の2通りがあります。以下でそれぞれの規定を説明します。

(1) 有期労働契約の終了

労働法73条によれば，有期労働契約の契約期間が6ヵ月以上の場合，雇用者は契約の終了または契約の更新について，労働者に対し，契約終了の10日前に通知を行う必要があります。契約期間が1年以上の場合，事前通知期間は15日となります。事前通知がない場合，契約は，元の契約と同じ期間または無期限（全契約期間が67条に定める期限の限界を超えない期間で[5]）として更新されます。

図表2-1 契約満期に際する事前通知

契約期間	事前通知期間
6ヵ月以下	事前通知必要なし
6ヵ月以上－1年未満	10日間
1年以上	15日間

---

[5] 労働法67条によると，有期労働契約は2年を超えてはならず，契約は2年を超えなければ何度でも更新することができる。
　「2年」の解釈については争いがあるが，2004年労働仲裁裁定2号によれば，有期労働契約の総契約期間をいうと理解されている。

このようなケースを除いて，有期労働契約は契約に明記された終了日に終了します。しかしながら，契約者のいずれかにより，有期労働契約終了日前に契約解除を決定することができます。労働法73条にて，早期契約解除の法的根拠が規定されています。一方の契約者がこうした法的根拠なしに契約解除することは契約違反であり，違反していない側は補償を受ける権利を得ます。

労働法73条により規定された早期契約解除の法的根拠は，以下のとおりです。

- 両者が早期契約解除に合意した場合
- 契約者のいずれかによる重大な違反があった場合
- 不可抗力による場合

これらの法的根拠について，以下説明します。

①両者が早期契約解除に合意した場合

雇用主および労働者の双方が合意すれば，契約終了日前に契約を解除することができ，契約解除により損害が生じた場合でも，損害を補償する必要はありません。この場合は，書面での合意が必要で，労働監査官が証人となり両者によって，合意書に署名される必要があります（労働法73条）。

②契約者のいずれかによる重大な違反があった場合

雇用主また労働者のいずれかに重大な過失があった場合，有期労働契約を解除することができ，過失がなかった側は，契約解除することが認められます。重大な過失を犯した側は，契約不履行に対する損害を補償する責任を負います。

83条では，雇用主側の重大な過失の例を次のように規定しています。

- 労働者が認識していれば契約しないだろうと考えられる状況で，契約書に署名するように唆した場合
- 賃金の全部もしくは一部の支払い拒否

- 繰り返される賃金支払いの遅延
- 暴言，脅迫，暴力，暴行行為
- 労働者に十分な作業を提供できない場合
- 法律で要求されている職場での安全衛生措置の欠如

　同じく労働法83条によると，労働者側の重大な過失事例は以下のとおりとなっています。
- 窃盗，横領，着服
- 採用時や雇用期間中の詐欺行為（例えば，偽の身分証明の提示，労働妨害，労働契約履行拒否，機密漏えいなど）
- 規律や，安全衛生に関する規則への重大な違反
- 雇用主や他の労働者への脅迫，暴言，暴行行為
- ほかの労働者が重大な違反をするような扇動行為
- 組織内での政治的活動，宣伝，デモ活動

　労働者側の重大な過失による雇用契約の解除に関しては，雇用主が重大な違反を認知してから7日以内に判断される必要があります（労働法26条）。

（2）　不可抗力による場合

　その他の有期労働契約の早期解除に法的に認められた理由としては，不可抗力の事由があります。不可抗力とは，雇用主および労働者のいずれもコントロールできない事象が発生することであると定義されています。雇用主は，以下の不可抗力が生じた場合，義務を果たす必要はありません（労働法85条）。
- 公的機関による組織の閉鎖
- 長期にわたり業務再開ができないほどの物的破壊を引き起こすような大災害の発生（洪水，地震，戦争など）
- かかる大災害を原因とする雇用主の死亡による組織閉鎖（この場合，労働者は，契約解除通知期間に等しい賃金の補償を受ける権利を有します）

また労働者は，以下の不可抗力が生じた場合，義務を果たす必要はないとされています（労働法86条）。
- 慢性的な病気，精神疾患，身体障害（この場合，雇用主は事前契約解除通知の義務を負います）
- 入獄

　法的に正当性がない雇用主による契約解除（労働者による重大な過失がなく，不可抗力でもない場合で，雇用主が契約満了前に契約解除を希望する場合）が発生した場合，労働者は契約不履行に関する補償と損害賠償を求める権利を有します。法的な正当性なく労働者を解雇する場合，労働者は，①解雇にかかわる賠償，②損害賠償，③事前通知に代わる補償を受ける権利を有します。

　正当な理由なしに雇用主の希望により契約を満了以前に終了する場合，労働者は，少なくとも契約終了までに受け取るはずの報酬に等しい額を受け取ることができます（73条3項）。他方，労働者が法的に正当性なしに労働者の希望により契約解除を行う場合，雇用主は，生じる損害と同額の補償を受ける権利を有します（労働法73条4項）。

　有期労働契約の退職金については，契約が終了した場合，雇用主は，契約期間と賃金に比例した退職金を支払う必要があります。退職金の正確な額は，労働協約により定められます。労働協約で定められていない場合は，退職金額は，少なくとも契約期間中に支払われた総賃金の5％としなければならないと規定されています（労働法73条6項）。

（3）　無期労働契約の終了

　無期労働契約の場合，契約の当事者の一方の意思表示により終了します。無期労働契約の終了に関しては，契約を終了させたい一方の当事者による書面での事前通知が必要となります。

　もっとも，労働者の習性や態度などに関する妥当な理由なしには解雇をすることはできません。すなわち，無期労働契約は，契約当事者の一方の意思

第2章　カンボジアの労働法務

によって終了することができますが，雇用主による契約終了の場合には，仕事に関する労働者の技術や資質，労働者の素行や性格，事業体の活動に関する解雇の適切な理由が求められています（労働法74条）。

労働契約の終了の際には，終了を望む契約当事者は他の当事者に対して，事前に書面で通知を行わなければならないと規定されています。通知期間は勤務期間に応じて7日から3ヵ月となっており（労働法75条），雇用主が事前通知を怠った場合，雇用主は労働者が通知期間に得るべき賃金に等しい金額を補償しなければなりません。

労働法75条が定める無期労働契約の場合の事前通知期間は以下のとおりです。

- 継続労働期間6ヵ月未満の場合—7日間
- 継続労働期間6ヵ月から2年の場合—15日間
- 継続労働期間2年以上5年未満の場合—1ヵ月
- 継続労働期間5年以上10年未満の場合—2ヵ月
- 継続労働期間10年以上の場合—3ヵ月

雇用主が契約終了を望むものの，事前通知期間を遵守できない場合，労働者に対して補償を支払う義務を負います（労働法77条）。しかしながら，労働者が試用期間中である場合や重大な不正を行った場合，不可抗力が生じた場合は，雇用主は事前通知なしに契約を解除することができます（労働法82条）。

労働者が不正を行っておらず，労働法86条に示された状況（慢性の病気や投獄など）になく，また不可抗力も発生していないが，雇用主が無期労働契約の終了を望む場合，雇用主は，事前通告に代わる補償，損害賠償，その他補償からなる金額を解雇した労働者に支払う必要があります（労働法89条，91条）。

労働法89条では，労働者の重大な不正によらない理由で雇用期間中に解雇された労働者に対して支払われる解雇の際の賠償額に関する規定を次のように定めています。雇用主は労働者に対し，必要な通知期間を与えた上で次の

補償を与える必要があります。健康上の理由で解雇された労働者も下記の補償の対象となります。

- 労働者の該当企業での就労期間が6～12ヵ月の場合，7日分の給与および諸手当
- 労働者の該当企業での就労期間が12ヵ月以上の場合，就労期間1年に対し15日分の給与および諸手当に相当する補償。この補償は，6ヵ月分の給与および諸手当を超えない。

労働契約が終了した場合，賃金とすべての種類の補償については，労働終了後48時間以内に支払いを行わなければならないとされています（労働法116条）。

なお，有期および無期労働契約が終了する場合，労働者は，雇用主から，雇用開始日や雇用終了日，職務内容などを記した雇用証明書（Certificate of Employment）を受け取る権利を有します。要求があった場合，雇用主はこの証明書を発行する必要があり，発行を拒否した場合は，労働者に対し，発行しなかったことから生じる損害を補償しなければならないと規定されています（労働法93条）。

第2章 カンボジアの労働法務

第6節 賃金に関する規定

　賃金はすべての労働者に人間の尊厳に矛盾しない生活水準を補償するものでなければならないと定められています（労働法104条）。賃金には，報酬，時間外給付，コミッション，ボーナス，賠償金，利益配分，退職金，現物払い，家族手当，休日給付や代休給付などを含むと規定されています。一方，家族手当や旅費などは賃金に含まれません（労働法103条）。

1 最低賃金

　最低賃金に関しては，製靴，繊維，縫製工場の労働者についてのみ最低賃金が適用されています（運用上はその他業種にも準用されています）。最低賃金に関する2010年7月9日労働省通達（Notice No.49/2010 dated 9th July 2010）によれば，試用期間中は月額56USドル，試用期間終了後は同61USドルの最低賃金が設けられていました。

　しかしながら，2013年3月29日の労働省通達（2013年3月21日506号通知）によれば，2013年5月1日より最低賃金は14ドル引き上げられ，基本最低賃金は75USドルに設定されました。後述の健康手当（5ドル）が最低賃金に組み込まれ，最低賃金は80USドルとなっています（図表2-2）。

図表2-2　縫製・製靴業従事者に対する最低賃金一覧表

雇用形態	最低月給
見習労働者	30USドル
試用期間中の労働者	75USドル（健康手当含む）
正規労働者	80USドル（健康手当含む）

第6節　賃金に関する規定

　2011年縫製，製靴業労働者に対する追加手当に関する労働省労働諮問委員会令（Notice No.041/2011 dated 7th March 2011）によって，縫製，製靴業労働者に対する保護が厚く規定されています（2011年3月より適用）。

　2013年12月24日に開催された，カンボジア労働詰問委員会（Labor Advisory Committee；政府代表，使用者代表，労働者代表の三者構成委員会）にて，縫製・製靴業労働者に対する2018年度までの最低賃金の段階的引き上げが合意され，発表されました。

　カンボジア国内では，当該最低賃金額の段階的引き上げ計画が発表されたのを受けて，この決定を不服とし，全国的なストライキに発展しました。

　その結果として，12月31日に労働省は上記段階的な賃上げスケジュールを一部修正する判断を下しています（2014年2月から賃上げを開始，2014年の賃上げ額を95USドル→100USドル変更）。

　賃金引き上げスケジュールは以下のとおりとなっています（2014年1月現在の情報となりますので，状況によって下記スケジュールは変更される可能性があります）。

2013年	2014年（2月～）	2015年	2016年	2017年	2018年
80USドル	100USドル（＋20USドル）	110USドル（＋10USドル）	126USドル（＋16USドル）	143USドル（＋17USドル）	160USドル（＋17USドル）
試用期間 75USドル	95USドル（＋20USドル）	105USドル（＋10USドル）	121USドル（＋16USドル）	138USドル（＋17USドル）	155USドル（＋17USドル）

　賃上げスケジュールは，縫製・製靴業に従事する労働者のみに適用されますが，本規定がその他業種の労働者に対しても準用されているケースが多いのが実態です。製造業以外の業種に対して，運用上どのような処理が行われているかは，現地の専門家に確認されることを推奨します。

2 皆勤手当

　雇用主は，縫製，製靴業労働者に対して皆勤手当として最低10USドル（月定勤務日を皆勤した場合）支払う義務があります（2012年7月25日の労働省大臣令により7USドルから10USドルに変更）。本規定は，試用期間中の労働者にも適用されます。

3 年功手当

　雇用主は，1年以上勤続する縫製，製靴業労働者に対して年功手当を支払う義務を負います。本規定は2000年より施行されています。2000年以前の年功に関しては考慮されず，年功手当は1年以上勤続する労働者にのみ与えられると規定されています（図表2-3）。

図表2-3　年功手当一覧表

雇用期間	年功手当（月当たり）
1年以上	2ドル
2年以上	3ドル
3年以上	4ドル
4年以上	5ドル
5年以上	6ドル
6年以上	7ドル
7年以上	8ドル
8年以上	9ドル
9年以上	10ドル
10年以上	11ドル

4　残業手当

　雇用主は，時間外労働を実施する労働者に対して，食事（無料）もしくは食事費用として2,000リエルの現金支給（1日当たり）を行わなければならないと規定されています。

5　健康手当

　2012年1月の労働省労働諮問委員会令206号（Notice No.206 dated 13th December 2011）により健康手当が定められています。雇用主は，縫製，製靴業労働者に対して以下のとおり手当を支給する必要があります。
- 労働者が14日以上働いた場合，健康手当として月5USドルの支払い義務があります。
- 労働者の労働日が13日間以下の場合，健康手当として月2.5USドル支払う義務があります。

6　居住および通勤手当

　2012年7月25日労働省大臣令によれば，居住および通勤手当が定められています。雇用主は，縫製，製靴業労働者に対して，居住費および通勤費の手当として，以下のとおり支払うこととされています。
- 13日間以下しか勤務していない場合は，居住および通勤手当として3.5USドル支払う必要があります。
- 14日以上勤務した場合は，居住および通勤手当として，7USドルを支払う必要があります。

　本大臣令は，2012年9月1日から有効となっています。
　本規定適用以前にすでに居住および通勤手当の支払いをしている場合，本規定は適用されません。

7 賃金の支払

　賃金支払いに関しては，この労働者に職場もしくは会社の事務所にて，就業時間中に，現金もしくはその他の合意した方法にて支払われなければならず，給与支払日が休日にあたる場合，給与支払日は設定された支払日の前日となります（労働法115条）。工場労働者（ブルーカラー）の賃金支払いに関しては，最長16日間の間隔で，賃金を最低1ヵ月に2回支払う必要があります。他方，スタッフレベル（ホワイトカラー）の労働者に関しては，最低1ヵ月に一回支払う必要があります（労働法116条）。

8 賃金の控除

　雇用主は，原則的に労働者の給与から控除をすることは認められていません。特に，罰金，保証金，健康診断費用などの項目については，賃金控除は認められていません（労働法126条以下）。
　以下の項目に関しては，例外的に賃金控除が認められます（労働法127条）。
　①労働者が返還することができない各種機材や装備，②労働者が管理する材料や機材，③会社内の販売店での未払金，④組合費用
　ただし，賃金の控除によって最低賃金より給与が下回ることは許されないと規定されています。

9 賃金に関する説明義務

　雇用主は労働者に対して，どのように賃金が計算されるかを十分に説明する義務を負います（労働法112条）。説明は必ず①雇用契約を締結する前，②給与額を変更する前に実施される必要があります。

第7節 労働時間に関する規定

1 労働時間

労働時間については，1日8時間または1週間に48時間を超えることは認められていません（労働法137条）。雇用主は，労働者に対して，1週間に少なくとも1日（24時間）の休みを与える必要があります（労働法147条）。

2 時間外労働

時間外労働（Over Time）については，緊急の場合においてのみ例外的に認められます。時間外労働については，通常給与の150％の賃金を支払うことが義務づけられています。また，時間外労働が夜間[6]または週末に行われる場合には，通常賃金の200％の賃金を支払う義務があります（労働法139条）（図表2-4）。

図表2-4 時間外労働に対する支払一覧表

労働時間帯	賃金割合
（夜間労働ではない）月曜日－土曜日における時間外労働	150％
（夜間労働における）月曜日－土曜日における時間外労働	200％
日曜日における時間外労働	200％
祝日における時間外労働	200％

---

6) 夜間とは，午後10時から午前5時までの間を意味します。

また，労働者は，時間外労働を行うか行わないか選択する権利を有します。雇用主は，時間外労働を行わないことに関して，労働者に対していかなる罰則を与えることはできません。雇用主は，労働者に時間外労働をさせる際，事前に労働省から許可を得る必要があります（1998年残業に関する政令）。

　なお，時間外労働は，通常最大2時間/日に制限されています（2004年労働仲裁委員会裁定10号）。

　雇用主は，時間外労働を実施する労働者に対して，食事（無料）もしくは食事費用として2,000リエルの現金支給を行う必要があります（2004年労働仲裁委員会裁定73号，2011年41号通知）。

3　夜間労働

　夜間労働（Night Work）とは，午後10時から午前5時までの間に行われる労働を意味します（労働法144条）。

　（時間外労働以外の）夜間労働に対しては，通常給与の130%の賃金を支払う義務があります（労働法144条）。（時間外労働の）夜間労働に関しては，通常給与の200%の賃金を支払う必要があります（労働法139条）。

　若年労働者（18歳以下）は，原則的に夜間労働は認められていません。ただし，事故に対する予防策や研修目的等がある場合においては，例外が認められています（2002年労働省政令144号）。

図表2-5　労働時間まとめ

項目	概要
基本労働時間	・1日8時間 ・週48時間 ・（連続）最大6日間まで/週
時間外労働	・緊急かつ例外的な場合にのみ認められる ・1日2時間まで ・食事（無料）もしくは食事のため2,000リエルの現金支給 ・通常の作業時間の場合，150%の賃金支払 ・夜間もしくは週末の場合，200%の賃金支払
夜間労働	・（時間外労働以外の）夜間労働の場合，130%の賃金支払 ・（時間外労働中の）夜間労働の場合，200%の賃金支払

4　週休

週休については，少なくとも24時間連続して与える必要があります。すべての労働者に対して，原則的に日曜日に休暇を与える義務があります（労働法147条）。

第2章　カンボジアの労働法務

第8節　休暇に関する規制

1　祝日

　労働省は，毎年有給祝日を定めており（図表2-6），雇用主は祝日において労働者を休ませ，通常の賃金を支払う義務を負います。祝日が日曜日と重なる場合，労働者は月曜日に振替休日を得る権利を有します。祝日においても事業運営を休止できない場合，労働者の合意があるかぎりにおいて，祝日においても就業させることは可能です。祝日労働に関しては，200％の賃金を支払う必要があります（労働法161条，162条，164条，1999年労働省令10号）

図表2-6　2013年度の祝日（例）

1月1日	インターナショナルニューイヤー
1月7日	ポル・ポト政権からの解放日
2月1日	シハヌーク前国王葬儀日（2013年）
2月4日	シハヌーク前国王火葬日（2013年）
2月25日	万仏節
3月8日	国際女性の日
4月14日，15日，16日	カンボジア正月
5月1日	メーデー
5月13日，14日，15日	シハモニ国王誕生日
5月24日	仏誕節
5月28日	王室始耕際
6月1日	国際子どもの日
6月18日	モニーク前王妃誕生日
9月24日	憲法記念日
10月3日，4日，5日	プチュン・バン（お盆）
10月15日	前国王追悼日

第 8 節　休暇に関する規制

10月23日　パリ和平協定締結日
11月 9 日　独立記念日
11月16日，17日，18日　水祭り
12月10日　国際人権の日

2　年次有給休暇

　有給休暇に関しては，（週48時間以上働く）すべての労働者は，勤続勤務 1 ヵ月ごとに1.5日の割合（年間18日）で有給休暇を取得することができます。労働時間が48時間以下となる労働者に関しては，図表2-7のとおりです。

図表2-7　有給休暇の割当表

正規労働時間／週	休暇／月
48時間	1.5日
40時間	1.25日
24時間	0.75日

　また，有給休暇は図表2-8のように勤続 3 年ごとに 1 日の割合で増加します（労働法166条）。

図表2-8　有給休暇の増加表

勤続年数	年間有給休暇数
1 年～ 3 年	18日
4 年～ 6 年	19日
7 年～ 9 年	20日

　有給休暇の使用権は，勤続 1 年以上の労働者にのみ与えられています（労働法167条）。有給取得に際して，具体的な手続きは，法律上確立されていません。したがって，雇用主は有給取得に関する事前通知日数や使用手続きなどを独自に作成する必要があります。

雇用契約の終了に際して，雇用主は残存している有給休暇分の給与を労働者に支払う必要があります。有給を放棄する趣旨の合意は一切無効となるので，注意が必要となります（労働法167条）。

2004年，2009年，2012年の労働仲裁裁定では，雇用主は12日以上の有給休暇を与える必要があると判断しています。また，残存している有給は翌3年に繰り越されるので注意が必要です。

3 特別休暇

労働者の家族に直接的に影響を与える事態（例えば，結婚式，出産，葬式など）が生じた場合において，労働者は最大7日間の特別休暇を取得することができます（労働法171条）。

4 病気休暇

病気休暇については，医師の診断書があるかぎりにおいて認められます（労働法71条）。回数制限は，特に規定されていないので，別途定める必要があります。病気休暇が6ヵ月以上続く場合，雇用者は労働主を解雇する権限が与えられます（Notice No.14/2002）。

病気休暇中の給与支払いについては，以下のとおり規定されています（2004年労働仲裁委員会裁定）。

- 1ヵ月目　100％の給与支払い
- 2ヵ月－3ヵ月　60％の給与支払い
- 4ヵ月目－6ヵ月目　給与支払いなし

5 出産休暇

女性労働者には，90日間（3ヵ月間）の出産休暇が与えられます。出産休暇中においては，女性労働者は給与およびその他手当の半額を得る権利が与

えられます（労働法182条，183条）。本措置は，1年以上継続して勤務している女性労働者に対してのみ与えられます。出産休暇後，雇用主は，労働者が職場に復帰した最初の2ヵ月間は，軽作業のみに従事させることが義務づけられています。

図表2-9　休暇に関するまとめ

項目	概要
年次有給休暇	・月1.5日（年間18日） ・勤務3年ごとに1日の割合で増加 ・勤続1年以上の労働者のみに適用
特別休暇	・冠婚葬祭など家族に影響を与える事象がおきた場合，最長7日間の特別休暇を取得 ・年次有給休暇日数が残っている場合は，雇用者は年次有給休暇から特別休暇を控除可能
病気休暇	・医師の診断書がある場合において認められる ・6ヵ月以上，病気休暇が続く場合に雇用者は解雇可能
出産休暇	・90日間 ・勤続1年以上の場合，出産休暇中給与の半額を受け取ることができる

第2章　カンボジアの労働法務

第9節　労働組合および労働者代表に関する規定

　労働者には，労働組合を結成する権利が認められています（労働法266条）。労働組合員であることを理由に，雇用主が従業員を差別することは法律上禁じられています（労働法12条）。雇用主は，労働組合の活動に対して干渉することはできません（労働法280条）。労働組合の登録にあたり，8人以上を雇用する企業は，社員数に応じて労働者から労働者代表（Shop-Steward）を選出することが求められます（労働法278条）。労働者代表の選出は，会社の設立後6ヵ月以内に実施される必要があります。労働者代表の任期は，2年間と規定されています（2001年労働省令268号）。選任方法，手続きについては，同省令で具体的に規定されています。

　労働者代表の人数は図表2-10のとおり規定されています。

図表2-10　労働者代表の人数設定

労働者数	労働者代表者数（＋労働者代表アシスタント）
1～7	0
8～50	1（＋1）
51～100	2（＋2）
101～200	3（＋3）
201～	労働者が100人増えるごとに労働者代表およびアシスタント1名ずつ追加

　労働法はこのほかにも，労働組合に対し，ストライキを行う権利を認めています（労働法319条）。ストライキは少なくとも7営業日前の事前通告を必要とし，雇用主および労働省に提出することになっています（労働法324条）。ストライキは平和的に職場内で行われるとともに（労働法320条），ストライキ不参加者は，拘束や脅迫から保護される必要があります（労働法331条）。

第10節　社会保障制度に関する規制

1　社会保障制度に関する法制度

　2002年9月制定の「社会保障法（Law on Social Security）」は，現行の労働法の適用を受ける民間で雇用される労働者に対する労務災害保険（Occupational Risk Insurance）と年金（Pension Fund），従業員医療（Employee Medical Care）の各制度を規定した法律です。社会保険制度は，国家社会保険基金（National Security Fund：NSSF）[7]により運営され，雇用主と従業員，労働者に加入が義務づけられています。

　同制度の運用の詳細を定める「国家社会保障基金の設立に関する政令No.16（Sub-Decree #16（RGC）on Creation of National Security Fund）」が2007年に発布されたものの，政府は制度運用を段階的に実施していく方針で，現状では労働災害に関する制度の運用が先行しています。

　8人以上の従業員を雇用する企業は，従業員の雇用状況をNSSFへ登録することが義務づけられており，登録後30日以内に保険料を納付するとともに，従業員に登録番号を伝える必要があります。従業員には労務災害保険カード（Occupational Risk Insurance Card）が配布されます（運用上はまだ未発行。2014年度から発行予定）。

　国家社会保険は2008年10月に，保険料の支払いなどに関する詳細を発表しており，保険料の料率は従業員の平均月給の0.8％に設定されています（最低1,600リエル・最高8,000リエル）（図表2-11）。ここでいう月給とは，給与，時間外手当，報奨，利益分配金およびチップが含まれます。また，繊維・縫

---

[7]　国家社会保険基金ウェブサイト（http://www.nssf.gov.kh/）。

第2章　カンボジアの労働法務

製，製靴業の労働災害保険納付金は0.5％に減額されていましたが，2011年1月より正規利率（0.8％）となっています。

　納税義務と同様に，翌月15日までに社会保険料を計算し，納付する必要があります。

図表2-11　社会保険料率表

月給 （リエル）	平均月給 （リエル）	社会保険料納付額 （リエル）
200,000リエル以下	200,000	1,600
200,001〜250,000	225,000	1,800
250,001〜300,000	275,000	2,200
300,001〜350,000	325,000	2,600
350,001〜400,000	375,000	3,000
400,001〜450,000	425,000	3,400
450,001〜500,000	475,000	3,800
500,001〜550,000	525,000	4,200
550,001〜600,000	575,000	4,600
600,001〜650,000	625,000	5,000
650,001〜700,000	675,000	5,400
700,001〜750,000	725,000	5,800
750,001〜800,000	775,000	6,200
800,001〜850,000	825,000	6,600
850,001〜900,000	875,000	7,000
900,001〜950,000	925,000	7,400
950,001〜1,000,000	975,000	7,800
1,000,001以上	1,000,000	8,000

出所：JETRO「カンボジア労務マニュアル（第2改訂版）」2013年，藪本雄登作成。

2 労働災害給付金

労災給付金は，以下の(a)〜(d)に分類されると規定されています（NSSFホームページ参照）。

(a) 「業務を中断するか否かに関わらず，労働災害又は通勤事故，若しくは業務上の疾病に対する医療給付」では，病院での治療費および交通費がカバーされます。
(b) 「一時的な障害をもたらす労働災害又は通勤事故，若しくは業務上疾病に対する日当」では，最大180日間，1日当たりの平均賃金（直近6ヵ月の平均賃金を基準とする）の70％がカバーされます。
(c) 「継続的な障害をもたらす労働災害又は通勤事故，若しくは業務上疾病に対する日当・年金」では，障害の程度に応じて，生涯補償金が支給されます。
(d) 「葬儀給付金」では，葬儀費用として100万リエル（約250USドル）が支給されます。また，「遺族補償金」として，(b)と同様に，1日当たりの平均賃金を基準とした，生涯補償金が扶養家族に支給されます。

労災給付金の申請については，所定の事故報告書の書類に加えて，その他申請内容に関する補助書類を添付の上，NSSFに送付する必要があります。

図表2-12　NSSFへの申請手続きの流れ

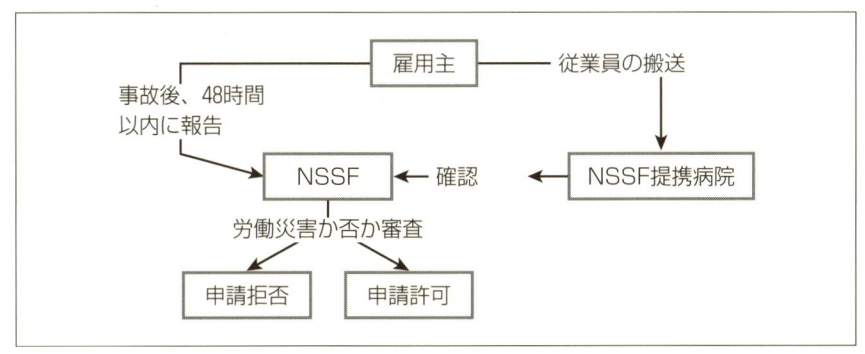

```
                    雇用主  ───→ 従業員の搬送
         事故後、48時間    │              │
         以内に報告        ↓              ↓
                    NSSF ←── 確認 ── NSSF提携病院
                     │
              労働災害か否か審査
                 ↓       ↓
              申請拒否  申請許可
```

3　年金制度

年金制度には老齢年金と障害年金，遺族年金等が含まれます。各年金の受給要件は図表2-13のとおりです。

国家社会保険加入者は，以下の要件を満たした場合において老齢年金，障害年金および遺族年金を受給することができます。カンボジア政府によれば，2015年までに運用を開始することを目標としています。

図表2-13　年金の受給要件

年金制度	受給要件
老齢年金	55歳以上の者で，過去20年間の加入登録および年金受給資格取得日までの直近10年間に60ヵ月分以上の年金保険料を納付していること
障害年金	過去5年間の加入登録および障害年金資格取得の原因となる就労不能事由発生までの直近12ヵ月間に6ヵ月分以上の年金保険料を納付していること
遺族年金	老齢年金もしくは障害年金の受給者が死亡した場合，もしくは死亡した加入者が加入登録および年金保険料を180ヵ月分以上納付していること

出所：漆原克文『ラオス，カンボジアの社会保障制度』2005年。

以上の条件を満たさない場合，老齢年金および遺族年金に関しては，年金に代えて一時金が支給されます。

4　その他社会保険制度

カンボジアでは失業手当などの制度は未だに整備されていません。解雇時の退職金もしくは解雇手当が失業手当として代用されています。

第11節 労務災害に関する規制

1 労働災害の定義

労働災害とは,
- 業務の遂行を目的として
- 就業時間中もしくは通勤時間中

に従業員や労働者に事故が起きた場合,その原因および過失の有無にかかわらず,労働災害とみなされます(労働法248条)。労働を原因とする疾病についても労働災害とみなされると規定されています(労働法248条)。

2 雇用主側の義務

雇用主は労働災害が発生しないよう予防策を講じる義務を負い,雇用主は労働災害を被り,4日以上の能力不能におちいった従業員および労働者に対して,補償を提供する必要があります(労働法252条)。

雇用主は労働災害発生後,少なくとも48時間以内に労働災害の発生を労働省に書面で通知する必要があります(2002年労働省令243号)。

3 労働災害補償

雇用主は,労働災害によって生じた必要な医療費および関連費用をすべて負担する必要があります。

(1) 一時障害

労働災害により一時的に障害を被った労働者は下記の資格を有します（労働法252条）。

- 一時障害が4日以下の場合，一時的に就業できなくなった日数分の給与
- 一時障害が5日以上の場合，医師による就業可能証明書が発行されるまでの間の給与補償

(2) 恒常的障害

労働災害により恒常的に障害を被った労働者（身体障害の範囲が全体の20％以上の場合）に対して，雇用者は補償として年次補償金を支払う必要があります（労働法253条）。計算方法は以下のとおりです（無能力の割合に関しては，障害のある部位によって判断。政令により規定されるが，ここでは省略）。

①無能力の割合が50％以下の場合

1/2×年間総賃金×無能力の割合

②無能力の割合が50％以上の場合

年間賃金×｛25％＋（1.5×（無能力の割合－50％）｝

労働災害により他人による継続的な補助を必要とする障害が生じた場合，本補償額は40％を限度として増額されます（2002年労働省令243号第8条）。

(3) 死亡

労働災害により労働者が死亡した場合，雇用主は遺族に対して，葬儀費用および年次補償金を支払う必要があります（労働法253条）。葬儀費用に関しては，平均日給の90倍もしくは月給の3倍を支払う必要があります。年次補償金に関しては，労働者の年間給与額を基礎として，図表2-14のとおり計算されます。ただし，年次補償金額は，労働者の年間給与総額の85％を超えることはできません（2002年労働省令243号第9条）。

図表2-14　死亡補償のまとめ

扶養家族	利率	合計額
配偶者	30%	30%
長男/長女	15%	45%
次男/次女	15%	45%
上記以外	10%	70－85%

　なお，労働者の重大な過失によって発生した事故については補償の減額を，雇用主の重大な過失によって起きた事故については補償の増額をそれぞれ認めています（労働法252条）。

第12節 労働安全衛生に関する規制

　雇用者は，すべての作業場を衛生かつ安全に保つとともに，労働者の健康を維持し，手洗い所や診療室，照明，衛生的な飲料などに関する規定を遵守する必要があります（労働法229条）。また，雇用者は，職場や通勤中に発生した事故や，業務遂行が原因で発生した病気について，該当従業員に対し，必要な医療を提供するとともに医療費全額を負担する必要があります（労働法254条）。労働省政令330号では，医療施設の提供について定めています。

　ただし，労働者および従業員が意図的に引き起こした事故については補償の対象にならないと規定されています（労働法252条）。雇用者はすべての労務災害を労働省に報告し，報告を受けた労働省は再発防止に向けた調査を行う必要があります。

　50名以上を雇用する雇用者は，20平方メートル以上ある清潔な診療室を設置する義務を負います。ベッド数や医師の数に関しては，労働者の数に応じて変動します。医療設備および医師などの設置基準については，図表2-15および図表2-16のとおり規定されています。

図表2-15　ベッド数

労働者	ベッド数
50～200人	2床
500人	10床
1000人以上	20床

図表2-16　医師および医療補助者数

従業員の数	看護士の数	医師の数	医師の最低常駐時間
50～300人	1名	医師または医療アシスタント1名	1日（8時間）のうち2時間
301～600人	1名	医師1名	1日（8時間）のうち2時間
601～900人	2名	医師1名	1日（8時間）のうち3時間
901～1400人	2名	医師1名	1日（8時間）のうち4時間
1401～2000人	2名	医師1名	1日（8時間）のうち6時間
2001人以上	3名	医師1名	1日（8時間）のうち8時間

その他，トイレ数や重量制限など労働法およびその他政令に詳細に規定されています。詳細は図表2-17および図表2-18のとおりです（その他飲料水，ノイズ，空気等に関する規定があるが，ここでは省略）。

図表2-17　トイレ数

労働者数	トイレ数
1～15人	1
16～35人	2
36～55人	3
56～80人	4
81～110人	5
111～150人	6
151～1,000人	50人労働者が増加するごとに1つ追加
1,000人以上	70人労働者が増加するごとに1つ追加

※女性労働者数が100名以上となる場合，雇用者は女性労働者50名ごとに洋式トイレを1つ準備する必要があります。

第2章　カンボジアの労働法務

　労働者が物品もしくは貨物を運ぶ場合，図表2-18のような重量制限があるので，注意が必要です。

図表2-18　重量制限について

重量制限	男性		女性	
	15歳～17歳まで	18歳以上	15歳～17歳まで	18歳以上
直接持ち上げる場合	12kg	50kg	6kg	25kg
手押し一輪車両を使用する場合	32kg	80kg	禁止	40kg
三，四輪車両を使用する場合	48kg	120kg	24kg	60kg

第13節 労働争議と労働仲裁に関する規制

　職場にて労働争議が発生した場合，雇用主および労働者は協議に参加し，問題解決のために尽力しなければならないと規定されています。労働法上において争議の解決のためには，交渉・仲裁・調停・ストライキ（もしくはロックアウト）・裁判所への付託などの方法が認められています。

　労働争議は個別労働争議と集団労働争議に分別されます。個別争議とは，1名以上の労働者が個人として行う労働争議を意味します。他方，集団労働争議は，労働者が集団として行う労働争議を意味します。基本的に労働組合が争議に介入した場合，集団労働争議とみなされるケースが多いです（労働組合が必ずしも労働争議に介入する必要はありません）。

1　個別労働争議

　個別労働紛争については，訴訟に先立ち，当事者が州や市の労働監査官に対して和解調停請求を行います。労働監査官（Labor Inspector）は，案件を受領した日から3週間以内に調停を行わなければならないと規定されています。調停不成立の場合は，当事者は調停不成立から2ヵ月以内に案件を裁判所に付託する必要があります（労働法300, 301条)[8]。

2　集団労働争議

　集団労働紛争を交渉によって解決できない場合，当事者は州や市の労働監

---

8) カンボジア労働法　日本語訳JETROウェブサイト　JB Legal Consultancy翻訳（http://www.jetro.go.jp/world/asia/kh/law/）。

第2章 カンボジアの労働法務

査官に報告を行う必要があります。労働省は通知を受けてから48時間以内に調停官を任命しなければならないと規定されています。調停は調停官により15日以内に行われます。調停が不調に終わった場合，労働省は該当案件を仲裁評議会に委ね，仲裁評議会は付託の受理後，15日以内に決定を行う必要があります。その後8日以内に当事者から労働省へ異議申し立てがなければ，仲裁決定は効力をもちます。効力をもつ仲裁決定に関する報告は，争議の発生した企業と州や市の労働監査官の事務所に掲示されます。調停および仲裁手続きは無償で行われます（労働法302－317条）。

また当事者は，交渉，調停，および仲裁の3つの手段での解決に失敗した場合にのみ，ストライキもしくはロックアウトを行うことが認められています（労働法320条）。ストライキもしくはロックアウト実施には7営業日の事前通告を行う必要があります（労働法324条）。

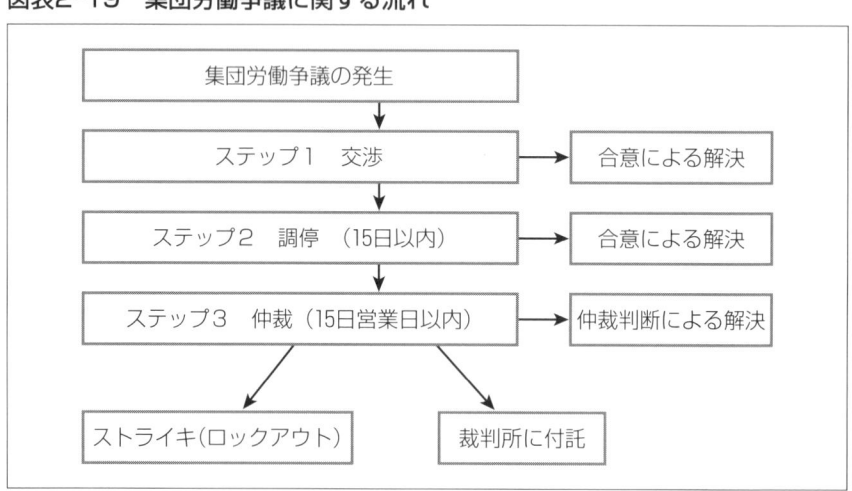

図表2-19 集団労働争議に関する流れ

```
集団労働争議の発生
    ↓
ステップ1　交渉　　　　　　　→　合意による解決
    ↓
ステップ2　調停（15日以内）　→　合意による解決
    ↓
ステップ3　仲裁（15日営業日以内）→　仲裁判断による解決
    ↓                ↓
ストライキ(ロックアウト)　　裁判所に付託
```

3 労働仲裁

　2002年，集団的労働争議を取り扱う仲裁評議会（Arbitration Council）[9]が設立されました。同評議会は，調停によって解決できない集団的労働争議を裁くための独立判決機関として，法的および非法的案件に関する拘束力のある，もしくは拘束力をもたない判決を行う権利を有します。

　仲裁評議会は，該当紛争における雇用者側，労働者側，労働省が任命する中立的人物の3者から構成される評議会となっています。評議会に案件が持ち込まれると，裁定人委員会が3日以内に結成され，当事者が延長に合意しないかぎり，15日以内に判決が下されます。

　紛争当事者は判決について，拘束力があるものにするか拘束力をもたないものにするか選択する権利を有します。両者が拘束力のある判決で合意した場合，両者は仲裁判決に異議を唱える権利はもたず，判決は即時に執行に移されます。一方，両者が拘束力のない判決で合意した場合，両者は裁判所で，判決に異議を唱えることが認められます。異議がなければ，判決は8日後に執行されます（労働法313条）。

　仲裁評議会の運営が始まってしばらく経ちますが，その判決能力は常に向上していると評価されています。同評議会は判決の概要を公表しており，各判決はウェブサイト上に，カンボジア語および英語で掲載されています。

図表2-20　労働仲裁と商事仲裁の比較表

項目	労働仲裁	商事仲裁
当事者	労働者／労働組合　対　雇用主	会社　対　会社
手続き	強制	任意
拘束力	（合意がないかぎり）拘束力なし	拘束力あり
所轄	労働仲裁委員会（ILO，労働省，労働組合，経営者組合）	国立仲裁センター（商業省）
費用	（原則的に）費用負担なし	当事者による費用負担

---

[9]　労働仲裁評議会のウェブサイト（http://ww.arbitrationcouncil.org/）。

4 ストライキおよびロックアウト

　労働者は，上記すべての解決方法がとられ，決裂に終わった場合において，労働者の権利を保護するためにストライキを実施する権利が認められています（労働法320条）。交渉もしくは仲裁が実施されている間は，労働者はストライキを実施することはできません（労働省321条）。

　また，労働者がストライキを実施するためには，以下の2つの手続きを行う必要があります（労働法323条-329条）。以下の手続きを経ない場合は，違法ストライキとみなされます。さらに，暴力的および非平和的なストライキは，違法ストライキとみなさます（労働法336条，337条）。

- 秘密投票によるストライキの実施に関する労働組合員の承認
- 労働組合による雇用主および労働省に対する7営業日前の事前通知の実施

　ストライキ実施中において，合法ストライキもしくは違法ストライキを問わず，労働者は給与を得る資格を有しません（労働法332条）。また，雇用主はストライキを実施する労働者に対して，いかなる罰則をも課してはならず，ストライキを実施する労働者の入れ替えのために新規に採用活動を行ってはならないと規定されています（労働法334条）。

　なお，雇用主がロックアウト（労働者を職場から締め出す行為。事務所，工場，店舗などの作業所を一時的に閉鎖して労働者の就業を拒み，賃金を支払わないことで労働者が起こしたストライキなどの争議行為に対抗するケース等がある）を実施する場合，ストライキに関する規定が準用されます（労働法322条）。

第14節 （労働省発行）書類の管理，記録，掲示

　雇用主は，会社設立後，労働省に対して会社設立宣言を実施する義務を負います。8名以上を雇用する会社もしくは製造関連企業は，事業運営開始前に会社設立宣言を取り行う必要があります。従業員が8名以下の会社は，会社設立後，30日以内に宣言を行う必要があります。また，会社を解散する場合においては，解散後30日以内に労働省に通知する義務を負います（労働法17条‐19条）。

　雇用主は，労働省に対する会社設立宣言書を保持する義務を負います。本宣言書の効力は3年であり，3年ごとに更新する必要があります（2001年労働省令269号）。

　雇用主は給与元帳を事務所内にて管理，保持する義務を負います。給与元帳には，労働者名，給与，職務内容等を記載することが要求されています。給与元帳は少なくとも3年間は記録として残す必要があります。本給与元帳は，労働監督官の署名がなければ，効力を発しないと規定されています（労働法39条，40条）。

　雇用者は，労働者を雇用もしくは解雇した場合，労働省に通知を行う義務を負います。採用時には，現地労働者および外国人労働者に対して，雇用カード（Employment Card）および雇用ブック（Employment Book）を支給する必要があります。本手続きは，入社後7日以内に実施される必要があり，その費用は労働者に負担させることができます（1997年労働省通知13号，2003年労働仲裁裁定21号）。

　掲示については，以下のとおり定められています。

　事務所の掲示場所（労働者にとってアクセスしやすい場所）には，①祝日，②労働協約，③就業規則，④労働衛生および安全に関する規則，⑤最低賃金，⑥労働組合および労働者代表に関する報告などを掲示する必要があります（労働法29条，109条）。

第15節 就業規則の作成および掲載

1 就業規則の内容

　8人以上を雇用するすべての企業は，給与や休暇，その他を定めた就業規則を作成しなければならないと規定しています（労働法22条）。就業規則は，特定の職場内における労働法の履行の確保を目的として，雇用主によって作成および職場内に掲示される必要があります。就業規則は労働法およびその他政令と矛盾する内容を含むことはできません（労働法25条）。なお，外国人であっても現地で採用されていれば，本就業規則が適用されることとなります。

　労働省より発行される就業規則モデルによれば，以下の内容を含むことが奨励されています（労働省通達第14号2002年8月16日）[10]。

就業規則に記載すべき事項
・採用条件
・採用前手続き
・労働者の身上（住所，家庭）について変更があった場合の手続き方法
・訓練に関する規定
・試用期間に関する規定
・業務方法
・採用時の健康診断に関する規定

---

10)　「カンボジア労務マニュアル（第2改訂版）」（JB Legal Consultancy藪本雄登作成）JETROウェブサイトより就業規則モデル（カンボジア語，日本語訳）入手可能。

第15節　就業規則の作成および掲載

- 採用後の健康診断に関する規定
- 深夜労働と時間外労働に規定
- 休日に関する規定
- 年間休日，祝日の休み，特別休暇に関する規定
- 女性労働者の出産休暇に関する規定
- 傷病休暇に関する規定
- 労働災害での休業に関する規定
- 給与，賞与，その他の手当の決定
- 給与の支払い
- 給与の減額
- 欠勤に関する規定
- 正式な許可のある休暇に関する規定
- 休暇許可のない欠勤に関する規定
- 勤務中の備品等の利用に関する規定
- 企業・機関の建物，場所の利用に関する規定
- 企業内の出入り
- 規則違反あるいは重大な違反行為を犯した場合の労働者への処罰
- 処罰にあたる前の労働者の権利
- 業務上の衛生，安全に関する命令および対策
- 上記の命令，対策を守るための労働者の遵守義務
- 業務によるノイローゼおよび労働災害の予防

第2章　労働法務

2　就業規則の作成および修正

　就業規則を作成する際には，労働組合員および労働組合代表者との協議を行う必要があります（労働法24条）。雇用主は，営業開始3ヵ月以内に就業規則を作成する必要があります。就業規則の策定にあたっては，組合代表委員に対し説明会を実施した上，労働省の労働監査官[11]（Labor Inspector）の許可を得ることが求められています。労働監督官は60日以内に就業規則を確認し，承認を与えなければならないと規定されています。就業規則の修正お

---

11)　労働法344条によると，労働監督官の任務は労働制度の運用を確保し，運用監視を実施することと規定されている。

よび変更に関しても，上記と同様の手続きを行う必要があります（労働法24条）。

運用上において，就業規則作成および承認に際して，大きく2通りの方法が存在している。
　①自社もしくは関連会社が保有する就業規則をカンボジア労働法に準拠させた上，承認を受ける方法
　②カンボジア労働省から提示される就業規則モデルを参考に就業規則を作成し，承認を受ける方法

労働監督官（Labor Inspector）の承認を受けるには，比較的，②の方が容易であるため，②の方法をとるケースが多いのが実情です。その他，社内用により詳細な社内規則を独自に作成し，対外的には②のモデル規則を作成準備する方法もとられています。

3　就業規則の掲載

雇用主は，職場内および事務所の入口等に就業規則を掲載する必要があります（労働法29条）。

第3章

カンボジアの会計税務

第3章 カンボジアの会計税務

第1節 租税体系および概要

カンボジアでは,カンボジア税法(LOT, Low on Taxation)に基づいて租税行為が行われています。また,さらに詳細な事項を制定するために必要な施行令等(Sub Decree, PRAKAS, noticeなど)が制定されてきました。

1 税金の種類

(1) Profit Tax(法人所得税)

日本の法人税と同様に,Profit Taxである毎年の課税所得(年間利益をもとに算定)に対して20%が課税されますが,売上高の1%とのいずれか高い方を法人税として扱うこととなっています。

カンボジアにおいては,毎月の月次申告において各月の売上高(VATを除く)の1%に相当する額を翌月15日までに申告納付しなければならない前払法人税があります。毎月納付している当該前払法人税の年間合計額(売上高の1%)が年間課税所得の20%を上回った場合にも還付することができない制度となっているため,前払法人税は利益が出ていなくても適用される売上にかかる最低限の税金と考えられます。

実務業務としては,毎月の月次申告において各月の売上高の1%を申告納付し,年次の申告納付の際に年間の利益および課税所得を計算して課税所得の20%が各月に納付した売上高の1%を上回っている場合に追加で差額相当金額を納付することが求められます。

(2) Withholding Tax(源泉徴収税)

法人税の枠組内にあり法人が徴収・納付を要します。本来あるべき負担元は法人にサービス等を提供した実質課税者以外(non-real regime)の個人

等であり，得た収入に対して支払を要するため個人が負担するべきものと考えられます。ただし，それらについて法人が実質課税者以外の個人等に対して支払った中から徴収し納付する義務を有しますので，実務上，法人側での計算と納付・申告が必要となります。

　小規模事業に対する確定申告や年末調整の制度が確立されておらず，源泉徴収制度により個人等に対する課税が行われていることから，会社税務を行うにあたっては特に重要とされています。実務上はサービス給付を受けた法人側が源泉徴収税を追加で支払っていることが多くみられますので注意が必要となります。

　税率は各種項目により4％～20％程度となっています。

(3) Salary Tax（給与税）

　給与所得者に対しての課税制度であり，雇用関係から生じる給与（所得）に関して課税されます。日本と同様の制度であるとともに，上記した源泉徴収税と同様に雇用者が給与計算対象月の翌月15日までに申告・納付する必要があります。日本でいうところの「年末調整」の制度がないことから，雇用者（主に会社）の行う翌月15日までの毎月の月次申告において申告・納付が完了します。

(4) Value Added Tax（付加価値税）

　付加価値税は，VAT登録番号を取得している法人事業者が毎月翌月の20日までに付加価値税の申告・納付を要します。納めた付加価値税は毎月ごとの申告により完了しますが，売上などにかかる仮受付加価値税が仕入や経費などにかかる仮払付加価値税を下回る場合には次月以降にマイナス分を繰越することが可能になります。

　初期に投資が先行するなど事業者の仮払付加価値税が売上などの仮受付加価値税を超過する場合には，繰越処理が可能となるとともに，3ヵ月間超過分を繰り越した後に還付申請が可能となっています。ただし，実際に還付申請をしたとしても還付を受けることはかなり困難です。

(5) Specific Tax on Certain Merchandises and Services（特定商品・サービス税）

輸入または国内生産と特定の財やサービスの供給と関連して付加価値税の形に対応しています。特定の商製品の輸入時もしくは生産時に課税され、その他エンターテインメント事業等についても当該税金を月次において毎月翌月15日までに申告・納付する必要があります。当該税金については品目やサービス内容に応じて税率が異なるため注意が必要です。

(6) Tax on Property Rental（賃貸税）

事業者が土地、建物、特定の機器と倉庫設備等を賃貸して事業を行う場合に関連総賃貸収入の10%が賃貸税として課されます。これらは一般的に支払者の源泉徴収において支払がなされます。

(7) Fiscal Stamp Tax（看板税）

特定の公式文書や特定の広告設置や掲載について課される税金です。

(8) Stamp Tax（印紙税）

タバコを販売することや販売目的で陳列するために、カンボジア国内で生産または輸入している場合には、印紙税納付済証を設置する必要があります。その際に印紙税の納付が必要となります。

(9) Patent Tax（事業所税）

前年以前に事業を開始したときに約300ドルを事業所税、PATENT更新費用として毎年実施しなければならない。また、事業を開始する際の事業登録時にも当該税金を支払う必要があります。会社であっても個人事業であっても事業を行う場合には当該登録を行う必要があり、各事業ごとに登録を行います。

(10) Property Transfer Tax（譲渡税）

　事業の新設，解散または合併関連書類や土地や車などの資産の移転の場合に登録税（譲渡税）の対象となります。登録税（譲渡税）は，移転価格の4％が税率となっていて土地売買時などに考慮する必要がある税金です。

　移転価格の4％に相当する税金を新たなオーナーとなる買主が納める必要がありますが，契約において負担主を決定することもあります。

(11) Unused Land Tax（未開発の土地保有税）

　未使用の建物等がある場合に，未開発土地保有税の対象となります。一部の都市部または特定地域にある土地の上に建築物がない場合や，構築物がある場合でも使用していない場合には，土地保有税の対象となります。

　当該土地保有税は毎年6月30日の未開発の土地評価委員会が決定した土地の市場価値に2％を乗じて計算します。

(12) Slaughter Tax（虐殺税）

　牛，豚，鳥などの畜産品を商業目的で殺した場合に課される税金であり，養豚・養鶏などの業者に対して課せられます。

(13) Tax on Means of Transportation（輸送税）

　トラック，バス，モーター，船舶などの輸送手段になるものにかかる登録に関連して課される税金です。

(14) Accommodation Tax（宿泊税）

　ホテルやゲストハウスを運営している事業者に対して宿泊費の2％が課されます。お客様への売上高にすでに含まれていると考えて計算を行い，毎月の月次申告において翌月15日までに申告・納付が必要となります。

(15) Tax on Immovable property（不動産保有税）

　いわゆる日本の固定資産税と同様の制度であり，一定の条件のもとで土地，

建物，構築物などの不動産評価額の0.1％の税金が課せられています。

2 直接税および間接税

カンボジアにおいては，以上のように各種税金が定められているとともに，すべてを国に納めなければなりません。各税務局が管轄しており，徴収・負担方法により「直接税」および「間接税」に区分することができます。

（1） 直接税
税金を納める義務のある納税者と税金負担者が同じである税金を「直接税」といい，所得や資産にかかる税が該当します。

（2） 間接税
逆に税金を納める者と実際に負担するものが異なる税金を間接税といい，売上にかかる税，特定商品・サービスにかかる税，付加価値税，源泉所得税他が該当します。

3 課税様式（税の申告と納付について）

納税者の事業形態や売上高の水準等により異なるが，一定規模を超える個人事業の場合や会社形態の実質課税者の場合には（1）実態管理様式（Real Regime）により計算されます。

ここで，一定規模を超えない小規模の個人事業の場合には（3）推定管理様式により計算されます（図表3-1）（税法4条）。

図表3-1　課税様式

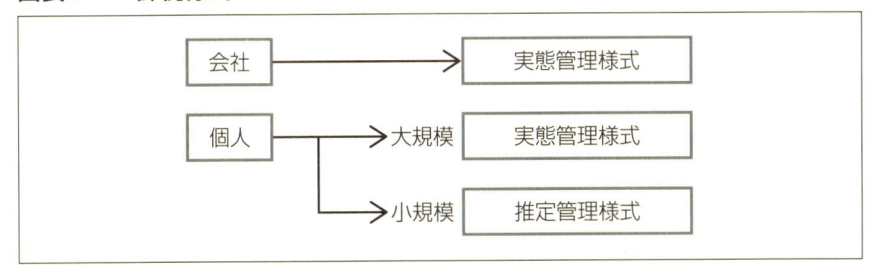

```
会社 ─────────────→ 実態管理様式

個人 ─┬→ 大規模    実態管理様式
     └→ 小規模    推定管理様式
```

（1） 実態管理様式（Real Regime）

　納税者が自らの責任において税法および関連規制等に従い，税務署からの求めがなくても自ら税務申告と税金計算を行わなければなりません。

　一般的なProfit Taxの算定方法により算定され，会社および一定規模を超える事業者は（個人であっても）実態管理様式での納税が義務づけられています。

（2） 簡易管理様式（Simplified Regime）

　簡易管理様式は一般的に利用されていません。

（3） 推定管理様式（Estimated Regime）

　課税売上は税務職員と納税者との話し合いによって決定され，毎年10月31日までに既定のフォームにより申告を行います。売上高や事業規模に応じて税務職員により税額が決定されます。

第3章 カンボジアの会計税務

> **実務上の留意点**
>
> 　法律上はTurnover Taxの算定方法により年1回の算定と納付でよいとありますが，実務運用上は毎月算定・納付することが多く事業規模（広さ，スタッフ数，デスク数など）により簡易的に算定されることもありえます。
> - 会社形態および投資会社ならびに貿易を行う企業体
> - 商品供給が5億リエル（約125,000ドル）を超える企業体
> - サービス提供が2億5,000万リエル（約62,500ドル）を超える企業体
> - 政府の契約額が1億2,500万リエル（約31,250ドル）を超える企業体
>
> 　上記のどれかに該当する事業に関しては推定管理様式でなく実態管理様式での申告が求められます。
> 　そのため，会社および事業規模が大きな事業に関しては日本と同様に正規簿記の方法により貸借対照表（Balance Sheet）および損益計算書（Income Statement）を作成し，それをもとに税額を算定する必要があります。

第2節 法人にかかる税務

1 法人税務の概要

（1） 前提

「法人」とは公式に承認されたか否かを問わず，カンボジアにおいてビジネス・営業を行っている企業および団体を示しています。そのため，政府機関，宗教団体，慈善団体，非営利団体も含みます（税法3条3項）。

法人にはパススルー団体や自営業者は含まず，会社はもちろん法人に該当します（税法3条3項，5項）。

（2） 税務申告および納税（月次申告および年次申告）

カンボジアにおいては月次の税務申告と納付が毎月必要となるため，毎月の早期の会計記帳や書類の整理等がとても重要となります。月次の申告において多数の項目の税金が徴収されるため特に重要な作業となっています。月次の申告は税目により一部異なるものの，大部分が毎月翌月の15日までに申告および納付を要します（税法31条，32条）。

さらに，月次の申告に加えて法人所得税部分について年次の申告が必要となります。年次の申告は課税年度の終了日である毎年12月31日から3ヵ月以内（翌年3月31日まで）に申告・納付する必要があり，会社が利益および課税所得を計上しておらず納付税額が発生しない場合においても申告書の提出は必要となります（税法29条1項，4項）。

年次の申告については日本の会社における年度決算にかかる税務申告と同様に貸借対照表・損益計算書に加え税金算定資料他さまざまな書類等を提出する必要があります（税法29条2項，3項）。

> **実務上の留意点**
>
> 　上記の手間および専門知識の必要性等により，月次および年次の申告ともに会計・税務を専門で扱う会社に依頼することが多くなっています。
> 　遅延した場合には未納税金の10％加算税を追加納付するとともに，延滞にかかる利子も別途徴収が行われ，月利２％が徴収されます。
> 　申告納付する金額がない場合でも申告は必ず行う必要があり，一定期間申告がない場合には，税務当局の職権で法人登録を抹消することができるため，注意が必要となります。

（3）　会計帳簿に関して

　会計帳簿，会計記録およびその他の文書は10年間保存しなければなりません。そのため，納税者は会計帳簿ならびに記録を作成・維持することが義務づけられており，英語およびドルでの会計記録などでいいものの，申告書への記載等はカンボジア語での記録，カンボジアリエルでの表示が必要となります（税法79条，98条；企業会計基準９条，12条）。

（4）　課税期間

　課税期間は原則として毎年の１月１日から12月31日までの暦年とされています。税務局への事前申請により変更が可能となっています（企業会計基準10条）。

（5）居住の判定および収入の源泉等

　居住者の法人とは，カンボジア国内において設立・運営されている企業，または恒久的施設（PE）をカンボジア国内に有している法人を指しています（税法３条１項）。

　居住者の法人は，すべての所得に対して申告・納付の対象となり，外国において国外所得の納税を現地ですでに行っている場合においては外国税額控除を行うことができます。

居住者法人例：日本や海外の会社の子会社，カンボジア現地法人，海外
　　　　　　企業のカンボジア支店，海外企業のカンボジア駐在所

　非居住者の法人とは，居住者である法人以外の法人を指している。非居住者の法人は，所得の源泉がカンボジア国内に限定されるため，カンボジア国内で発生した所得に対してのみ課税されます（税法3条2項）。
　　非居住者法人例：ベトナムに事業拠点を有する会社がカンボジア国内に
　　　　　　　　　おいて一時的にビジネスを行った場合

　カンボジアの法人にかかる所得として課税される法人税は，実質課税事業者（Real Regime）に対して課税され，自ら税額計算および申告・納付を行なわなければなりません。
　居住納税者に対しては，全世界での所得に対して課税される一方，非居住納税者はカンボジアでの所得に対してのみが課税対象となっています。

(6) 課税所得計算

　課税所得とはすべての種類の事業活動から獲得された所得をいい，これには事業活動の過程においてまたは事業活動の終了時に実現したキャピタルゲイン，利息，賃貸料，ロイヤルティ収入および不動産を含む金融資産または投資資産から得られる所得も含まれます。さらに，課税所得には事業活動に関連しない不動産，金融資産または投資資産から実現したすべてのキャピタルゲインも含まれます。そのため，土地や車両その他固定資産関係の販売にかかる利益や有価証券の販売にかかる利益等も含まれます（税法7条，8条）。
　また，課税所得の計算は日本と同様の方法であり，会計上算出した利益額から益金および損金への算入・不算入を判断し，課税所得の計算を行います（損金益金算入不算入項目については後述）。

①益金
　益金の額は，基本的に日本の制度と同様の考え方であり，事業活動から生

じたすべての収益が含まれます。さらに，企業を清算する際に発生した収益等のあらゆる活動により得られる収益も該当します。

また，事業活動とは関係のない財務活動および投資活動により得られたキャピタルゲイン・利息・賃貸収入なども益金の額に含まれますので，日本における営業活動に加え営業外収益等も含まれる考え方は日本と基本的に同様となっています（税法33条）。

②損金

損金の額は，事業年度中に原則として事業活動により発生した原価・費用・損失により算定されます。ただし，すべてを損金算入できるとすると租税回避目的による支出等が増加するため，日本と同様に一定の制限を設けています。日本以上に損金不算入が厳しいものもあるため，あらかじめ把握して注意する必要があります。代表的なものとして交際費・飲食費等の接待性経費の一切が否認され損金不算入項目とされています。そのため，接待交際費の全額が損金不算入として加算されます。

(7) 税額計算（税率）

法人税率は「法人の所得である課税所得に対して」原則的に20％となっているため，所得が多く計上されればその分だけ法人税の支払も増加します（税法20条1項）。

日本と同様に，所得計算においては利益に対していくつかの加減算項目があり，所得計算後に，課税所得に対して税率20％を乗じたものにより計算します。

課税所得×20％（一般事業会社）＝税額

図表3-2のように例外的に20％でない業種もありますので，注意が必要です。

第2節　法人にかかる税務

図表3-2　法人税率（税法20条2，3，4項，21条）

一般事業会社	20％
QIPの認可をCDCにより受けた場合	0％または9％
石油，天然ガス，木材，鉱石などの特定の鉱物開発事業	30％
保険事業（保険事業部分についてのみ）	総保険収入に対して5％

2　前払法人税・ミニマム税

（1）　前提

　カンボジアにおいては，月次の申告制度内において毎月の売上高の1％を前払法人税として申告・納付します。その際に納付した前払法人税はミニマム税として年次の課税所得のあるなしにかかわらず納めなければなりません（方法については，本章第7節参照）。

　課税所得が多く発生した場合には，年次申告の際に計算された法人税額から月次で申告納付した前払法人税を控除し残額について申告・納付する必要があります（税法24条，37条，38条，39条）。

（2）　対象および計算方法

　売上高（VATを除くすべての税金を含む）×1％

　特定商品・サービスにかかる税や宿泊税などVAT以外のあらゆる税金を含んだ売上高をもとに計算を行い，当該売上高に1％を乗じたものを申告納付します。

（3）　申告・納付

　毎月1日から月末までの売上高の1％を翌月15日までに申告および納付することを要するため，実務上は他の月次申告を要する項目とあわせて申告納付を行います。当該申告・納付により法人税の一部を前払いしています。

(4) QIP取得企業

法人税の免除を受けており法人税率が0％のQIP取得企業については、そもそも法人税の税率が優遇されていることもあり前払の法人税も適用されません。そのため、前払法人税を支払う必要がなく、前払法人税の免除もあわせて受けることになります。

> **実務上の留意点**
>
> 当該税金は毎月最低限を徴収することにより、税金を徴収できなくなることを防止するために設けた制度であり、年度の利益が発生していなくても払ったものは返ってきません。そのため商社等の薄利多売の業界にとっては、算入にとって大きな判断基準となり得る制度です。

【設問】
年間の売上高合計（VATを除く）が10,000 USドル、費用9,600 USドルの税引前利益が400 USドルの一般事業会社の場合（加減算調整項目なし）

①法人税（年間利益の20％計算）
　税前利益400USドル＝課税所得　400USドル
　課税所得400USドル×20％＝80USドル

②前払法人税＝ミニマム税（売上の1％を月次で納付済）
　売上高10,000USドル×1％＝100USドル

③税額の算出（①と②の大きい方）
　80USドル＜100USドルであり、月次で申告・納付した100 USドルが年間税額となる。

図表3-3　前払法人税イメージ図

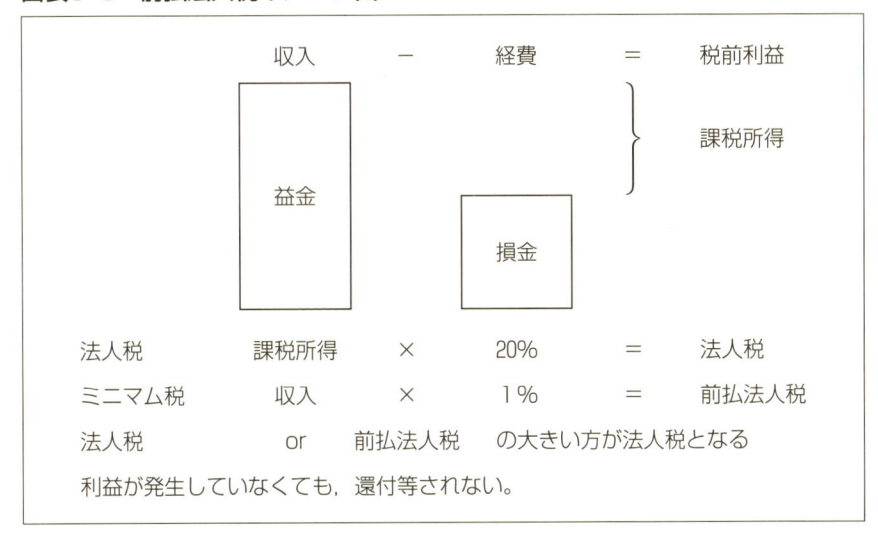

```
            収入      －    経費      ＝   税前利益
          ┌─────┐                       ┐
          │     │                       │ 課税所得
          │ 益金 │    ┌─────┐           ┘
          │     │    │     │
          │     │    │ 損金 │
          └─────┘    └─────┘

法人税        課税所得   ×    20％      ＝   法人税
ミニマム税    収入       ×    1％       ＝   前払法人税
法人税           or     前払法人税   の大きい方が法人税となる
利益が発生していなくても，還付等されない。
```

3　源泉徴収税

（1）前提

　源泉徴収税とは，給料（給与税にて徴収される）や報酬に加えロイヤルティ，サービス対価，利息，配当および賃料等が対象となっており，従業員でない個人もしくは実質課税者でない団体にこれらの取引の対価を支払う場合には，当該対価の支払者が源泉徴収の税額を計算し税額分を支払額から控除して同個人等に対して支払いを行い，控除した税額分を国に納付する制度を示しています。日本においても同様の制度が存在しますが，日本と違い源泉徴収により個人収入にかかる納税が完結することから，該当する項目が多数あることや，実務上の判断が困難な項目が多く，見解の相違が多発しています。

（2） 申告・納付

源泉税の納付義務は対価の支払者が負担しており報酬等の支払者が各月に徴収した税額を翌月15日までに税務局に納税する必要があり，各月の月次申告において他の税務申告とあわせて納付・申告を行っています。（税法25条，27条，31条）

> **実務上の留意点**
>
> 源泉徴収が必要であるにもかかわらず，判断を誤って徴収および申告納付を行っていない場合も多くみられます。徴収と納付を怠った場合には税額に加えて加算税および利息をペナルティとして支払う必要があるため，特段の注意を要します。
>
> カンボジアにおいては，利益が出ていない場合でも費用部分より源泉徴収税が発生していることが多いことから，想定以上に税負担が大きくなる可能性がある税金となっています。

（3） 源泉税の種類別分類

源泉税には下記のものがあります。

①通常の源泉徴収税

源泉徴収税率は居住者によりサービスを受けた場合と非居住者により特定のサービスを受けた場合で税率が異なります（図表3-4）。ここで居住者においてはサービスの内容に応じて違った税率により支払者は源泉徴収税を徴収する義務を負います。それに対して，非居住者においては一律の税率が決められています（税法25条，26条）。

そのため，追加の源泉税の支払を避けるためにも個人等との契約においては法律の趣旨に従った納税をするためには契約書上に支払額から源泉分を差し引いて支払う旨を明記する等の対応が必要です。本来受取側が負担すべき部分について，実務上は支払側が結果的に負担することが多いため，注意が必要となります。なお，源泉徴収税は居住者でも非居住者でも最終的な納税義務者となります。

図表3-4　源泉徴収税率表（税法25条，26条）

相手先への支払	居住納税者	非居住納税者
サービス，コンサルティング，その他類似サービス	15%	14%
ロイヤルティ	15%	14%
企業への利息支払	15%	14%
賃貸料（不動産，動産に関係ない）	10%	14%
銀行利息（固定性預金）	6%	14%
銀行利息（非固定性預金）	4%	14%
配当（一般的な事業会社）	0%	14%

　上記のとおり，居住納税者に対する支払等については各種内容により源泉徴収税率が異なるものの，非居住者に対する支払については一律での支払となっています。

　源泉徴収税は，費用計上の場合には，invoiceを入手し会計記帳を行った時点で行う必要があり，未払金を計上した時点でもすでにサービス提供を受けたと考えられ，支払を行っていなくても源泉徴収税の申告・納税を行う必要があります。

②配当にかかる追加の源泉徴収税

　会社が株主に対して配当を行う場合において，通常日本であれば上場会社・非上場会社等の区分によって一律の税率にて計算したものを控除して支払い源泉徴収税として納めます。ただしカンボジアにおいては，QIPの認定などを受けた企業の場合で一定期間法人税が免除されている企業等の場合で，法人税の免税期間に利益が計上された場合などにはそのまま配当が行われる場合があります。その場合にはカンボジア国内に税金がまったく納められなくなってしまいます。

　そのため，原則的な税率である20％に足りない税率分を20％に調整するよう追加の源泉徴収税が課されます（図表3-5）。

第3章　カンボジアの会計税務

図表3-5　配当の追加源泉徴収税率

適用されている法人税率	追加の源泉徴収税
0%	配当額の20/100
9%	配当額の11/91
20%	配当額の0%
30%	配当額の0%

実務上の留意点

　配当において課税される場合は，国内において所得部分に20%以上の課税がされていない場合であり，合計で所得に対して20%の課税がなされるように調整しています。

（4）　会社において銀行利息を受け取ったときの処理と申告方法

　会社が銀行預金を行い当該利息を受け取った場合においては，個人と同様に銀行により一律に源泉徴収が行われて利息が入金されます。そのため，例えば固定性預金であれば6%が差し引かれた94%が入金されます。当該6%の源泉徴収はあくまで法人にとっては法人税の前払であるため，100%をもとに計算した法人税から前払の6%の源泉徴収された税額を差し引いて年度末に法人税額を計算する必要があります。

実務上の留意点

　10,000USDを定期性預金に預け入れを行い，年利5%で利息を受けた場合について，他の取引はないものとみなす。（源泉徴収税率6%）
　10,000×5%＝500　利息による利益計上
　500×（100－6%）＝470　銀行への利息入金額（源泉差引後）
　500×6%＝30　銀行での源泉徴収税額
　500×20%＝100　法人税額
　100－30＝70　年度申告時の法人税額の納付金額

```
年度の損益計算書
受取利息　500
税前利益　500
法人税額　100　（うち30は源泉徴収済のため，年度申告で70を納付）
税後利益　400
```

当該計算は賃貸等の他の源泉徴収にも同方法が適用されます。

（5）　日本の外国税額控除の適用および不適用（益金不算入制度）

　外国税額控除とは，国際的な二重課税を調整するために外国で納付した外国税額を一定の範囲内で税額から控除する仕組をいいます。

　日本の居住者や内国法人が稼得した所得は，原則として国内源泉所得のみならず，国外源泉所得まで含めたいわゆる「全世界所得」に対して個人であれば所得税，法人であれば法人税が課されることになります。そのため日本国外での取引等によりカンボジアで課税の対象となる所得を有することになった場合，当該日本の居住者ないし内国法人は，同一の所得に対して日本およびカンボジアの双方で課税を受けることになります。この二重課税を排除するための制度が外国税額控除です。

　カンボジアから日本を含む海外に対する支払により源泉徴収税をカンボジアにて支払った場合には，親会社国等の本国において外国税額控除の利用が可能となります。そのため，カンボジアにて支払った源泉税部分が親会社国等の本国において控除が可能です。

　ただし，現在日本企業が外国子会社（発行済株式の25％以上を配当の支払義務確定日以前6ヵ月以上直接有する外国法人）から配当を受けた場合においては，外国子会社配当益金不算入制度により，日本側で95％が益金として認識されないこととなります。この場合においては二重課税防止の趣旨は達成されていることから，外国税額控除は適用されず，カンボジア国内において源泉徴収税を支払うのみで日本側では益金不算入とされます。

（6） 対象

源泉徴収の対象となる経費は上記したものであるが，サービス，コンサルティング，その他類似サービスおよびロイヤルティについては，相手先が実質課税様式でない場合にのみ源泉徴収を行い税金を支払う必要があります。実質課税事業者の相手かどうかはVATインボイスを発行しているかどうかおよび相手先が会社かどうか等により判断します。そのため，あらかじめ先方に問い合わせやヒアリングを行うことで源泉徴収税が別途必要になるのかどうか等を判断する必要があり，それらを予算に組み込む必要があります。

ここで，カンボジアにおいてはVAT登録をしている実質課税事業者であってもVATインボイスを発行しないことが多いため特に注意が必要です。

図表3-6　企業全体の税金イメージ図

総収入

利益			
飲食代	全額損金不算入		課税所得①
交際費	全額損金不算入		
家賃	賃貸にかかる税	10%	
サービス・メンテナンスフィー（共益費等）	サービスにかかる源泉徴収	15%	
交通費	サービスにかかる源泉徴収	15%	経費の一部②
給与	給与税	0%〜20%	
駐在員の使用する車のレンタル，家の家賃	付加給付税	20%	
水道光熱費			
減価償却費			
海外への支払	サービスにかかる源泉徴収	14%	
商品代金			
事務所消耗品費			
その他の経費			

課税所得①×20%　＋経費の一部②×各税率＝　法人が納める税金
実質税率が20%ではないこともあり得る。

> **実務上の留意点**
>
> 相手が実質課税事業者かどうかを判断するにあたっては，VATインボイスを入手しているかどうかも関係しています。ただし，相手が実質課税事業者であったとしてもVATインボイスを発行していない場合もあるため，VATインボイスの発行が可能かどうかを業者ごとに確認することが望ましいと考えます。

相手がVATインボイスを発行するかどうかで源泉徴収の必要の有無やVATの控除の可能性などさまざまな判断に影響を与えるとともに、実質的な負担金額が大きく変動するため、先方との値決め交渉や複数の相手先から見積書を入手する際にはそれらを考慮する必要があります。

また、源泉徴収税率の違うものが混合しているレンタカーやドライバー費用については実務上判断が困難となることが多く見受けられます。賃貸料としてレンタカー費用は10％の賃貸に関する源泉徴収税が必要になるのに対し、ドライバー費用については個人のサービス給付となるため15％の源泉徴収税が必要となります。そのため、インボイス上それらを区分して明記されていない場合にはサービス給付を受けたものとして、賃貸部分とサービス部分の全額に15％の源泉徴収税の支払が必要となり、区分して明記した場合に比べて支払税額が増加します。

【詳細例】

① ドライバー付きレンタカーをレンタルした場合（賃料とドライバー代の区分ができるかおよび支払先の区分によって支払うべき源泉徴収税が変動します）

	支払先がReal Regime	支払先がNon-Real Regime
区分	賃料部分について10％の源泉	賃料部分に10％の源泉 サービス給付部分に15％の源泉
区分なし	（サービス）源泉不要（サービスでない） 賃料として10％の源泉	全額に対して15％の源泉

② 名刺の作成を印刷会社に依頼した場合（デザインと名刺の料金を区分できるかおよび支払先の区分によって支払うべき源泉徴収税が変動します）

	支払先がReal Regime	支払先がNon-Real Regime
区分	源泉徴収不要	デザイン部分に15％の源泉
一括名刺購入	源泉徴収不要	源泉徴収不要

上記のように、複数のレートが混合する場合はもちろん、支払先が実質課税事業者かどうかによっても大きく源泉徴収税額が異なるため、事前の確認

と状況に応じたインボイス発行の依頼や会計処理と節税対策が必要となります。

4 付加価値税の納付

(1) 概要

付加価値税（VAT）とはカンボジア国内における付加価値消費に対して課税される税金です。日本の消費税制度と同様の制度であり，カンボジアにおいても間接税として位置づけられています。

- 物品およびサービスの消費に際して間接税が課税される。
- 税金の最終負担者は最終消費者である。
- 中間業者は自ら付加した付加価値部分についてのみ税を負担するが，納税義務は負っている。
- 毎月月次の申告により申告がなされる。
- VATは10％である。

カンボジアの付加価値税制度においては，売上高に対する付加価値税（Output VAT）は，顧客に請求する売上高に付加価値税を加算して顧客より受け取ります。それに対して仕入高に対する付加価値税（Input VAT）は実質課税事業者（Real regime taxpayer）の仕入業者・納入業者から購入をするときに，事業者が支払う付加価値税を支払うことになります。事業者は売上高に対する付加価値税（Output VAT）から仕入業者等に対して支払った付加価値税（Input VAT）を差し引いた残りについて毎月の月次申告の際に所轄の税務署に申告・納付します（インボイス方式）。

輸入者は輸入関税を納付する際に税関に輸入品にかかる付加価値税を納付する必要があります（税法60条4項，62条5項，63条3項，65条）。

(2) 適用範囲および課税の方法

カンボジアの付加価値税は，課税対象物品を生産・販売・供給する実質課

税事業者（Real regime taxpayer）の事業活動に対して適用します。個人・法人を問わず事業者はカンボジア国内に供給する商品またはサービスの価値に付加価値税を付加する必要があり，納税義務が発生します（税法60条）。

付加価値税は，個人的な目的のために物を使用したり，物品やサービスを無償で与える場合にも適用されますが，付加価値税は輸入される物品（サービスについてはサービスの提供が行われた場所により決定される）について支給する価値についても付加価値税を適用することになります（税法60条3項，61条）。

輸入される商品等についてはCIF（商品価格と保険料および運賃）に関税および特定商品やサービスにかかる税（Specific Tax Certain Merchandise and Services）等を合算した合計金額に対して課税されます（税法61条）。

しかし，輸出者および特定免税事業者の場合には，付加価値税を課さないこともあり，再輸出の目的で輸入しているタバコ・アルコール・自動車などについても付加価値税を課しません。

なお，輸入品には関連するサービスも含んでおり，通関業務等のサービスにも付加価値税が課されます。さらに，不動産に関連するサービスについては，不動産が存在している場所にて発生したものとみなされます（税法63条）。

以下が主な課税取引となっています。

- カンボジア国内においてなされる実質課税事業者による物品の販売およびサービスの供給
- 実質課税事業者による物品の自家消費
- 無償または原価を下回る価額での物品の寄贈
- 物品の輸入

（3） VAT非課税取引

VATはカンボジア国内における販売やサービス提供などの行為に対して課税されますが，付加価値税の性質に合わないものや政策的に課税対象からはずされているものがあり，以下は非課税となっています（税法57条）。

- 公共郵便サービス

- 病院，医療業，クリニック，歯科などの営業と医薬品，歯科用材料などの販売
- 国営の旅客用公共運輸事業
- 保険事業
- 主要な金融業
- 関税が免除される個人使用目的の輸入
- 経済産業省（Ministry of Economic and Finance）が承認した非営利目的の公共事業

　事業者は，これらの非課税物品等を除いてVATを付加して取引を行いますが，土地およびお金の取引に関しては課税の対象であるモノに含まれません。そのため日本の制度と同様，土地の売買に関しては付加価値税（VAT）は課されません（税法56条1項，2項）。
　ただし，土地の売買等の仲介業務や賃貸等については課税されます。日本においては住宅の賃貸等については消費税が課税されませんが，カンボジアにおいては土地の売買に関してのみ付加価値税が課税されませんので注意が必要となります。
　また，個人使用目的での物品の輸入には対してVATは課税されませんが，当該目的以外にその物品等が使用されて輸入時に非課税であることが不合理な場合には，物品の輸入時に遡って税関に対してVATの申告をする必要があります。
　付加価値税が免税された財やサービスを販売する場合には，事業者は購入に伴う仕入にかかる付加価値税の還付を受けることができません。しかし，QIPの認定事業を行う会社については，販売が成立した場合には輸入付加価値税を還付することができます。ただし，実質的には還付が困難な状況です。
　さらに公共事業の実行のために使用する外交任務，領事任務，国際機関，その他政府の技術協力の代理人による商品等の輸入においては，非課税物品の供給として扱われます。非課税物品の供給は，上記の使用目的のために輸入された品の機関長の確認書を提出し，税務当局によって認可されることで

実現します。

(4) 計算方法

月次の納付税額＝Output（売上）VAT－Input（仕入）VAT

お客様に対して販売もしくはサービスの提供を行いその対価を受け取る際には，その対価の額に10％の税率を乗じた付加価値税（Output VAT）を売上と同時に徴収します。逆に仕入先や取引先から購入もしくはサービスの給付を受けその対価を支払う場合にも，同様に支払う対価の額に10％の税率を乗じた付加価値税（Input VAT）を支払います。

売上にかかるVATについては売上に10％を上乗せしてお客様から受け取ることがなく，VATインボイスを発行していなかったとしても10％を受け取ったものと看做してOutput VATを計算する必要があります。

飲食店等を経営している会社において仕入業者等からVATインボイスを受け取らない場合には，消費者から売上にかかるVATを受け取ったと看做されるのに対して，仕入業者への支払ではVATを支払ったと看做されないことから，総売上高の10／110に近似する金額をVATとして申告納付する必要があり，価格決定時において十分に考慮する必要があります。

> **実務上の留意点**
>
> 　仕入にかかる付加価値税については仕入先業者がVAT登録をしている実質課税事業者であり，InvoiceにVATについて明記されている必要があり，その場合にのみ上記計算上の仕入にかかるInput VATに含めることができます。
> 　仕入先業者が実質課税事業者でないにもかかわらず10％のVATを加算して請求してきた場合には，注意する必要があります。
> 　また，接待性経費などの飲食や娯楽にかかる経費についてはTax on Profitの損金として認められないだけでなく，Input VAT としても認められませんので，注意が必要です。また，石油製品や乗用車の購入にかかる付加価値税についても控除対象からはずされるため注意が必要となります。

（5） 申告・納税方法

VATの納税義務者は，原則として納付すべきVATがある場合には，毎月，売上および仕入・経費等にかかる提出資料を添えて，翌月20日までに納税および所轄の税務署への申告書の提出が必要です（税法70条）。

実務上は，他の月次申告と同時に提出することが多く，15日までに提出されることが一般的です。

（6） 繰越および還付について

仕入にかかる付加価値税が売上にかかる付加価値税を上回っている場合には，次月以降にマイナス分を繰り越すことが可能であり，次月以降に売上にかかる付加価値税が仕入にかかる付加価値税を上回ったものの差額から控除することが可能です。

さらに，3ヵ月繰越した後，還付請求を行うことができますが，実際の実務上還付請求を行うことは難しく，多額の費用を請求されることも少なくありません。そのため，輸出業を行う企業にとっては付加価値税の10％は大きな足かせとなることがあるため，進出の際の原価計算上含めて予算等を策定する必要があります（税法71条，72条，73条）。

実務上の留意点

仕入や経費にかかる付加価値税を支出し売上にかかる付加価値税から控除できない会社については，上述のとおり還付請求を行うことが難しいと考えられます。さらに，営業活動を行うことのできない駐在員事務所がその後に支店になった場合にも付加価値税のマイナス分を繰り越すことはできません。そのため将来的に支店や現地法人の設立を視野に入れている会社の場合には，進出時に駐在員事務所にするか別の形式にするかを検討することも重要となります。

（7） インボイスについて

付加価値税のインボイスにおいては下記の要件が多数存在します。これらの記載がされておらず要件を満たしていない場合には，適正なVATインボイスでないとして，VATを支払っていても仕入にかかる付加価値税として

控除できない可能性があるため注意が必要です。さらに付加価値税として控除できないだけでなく，上述したように追加での源泉徴収税の支払が必要となる場合があるためさらに注意が必要です（税法77条）。

VATインボイスの要件
- 売主の会社名とVAT登録番号
- インボイスの発行日
- 買主または買主の被雇用者または代理人の氏名
- 商品とサービスの量，説明および売却価格
- 特定商品・サービス税とそれらに対する付加価値税を除いた総価値
- 同項各号における金額とは異なる場合，その総課税価額
- 課税額
- インボイスの発行日が異なる場合，その商品またはサービスの供給日

> **実務上の留意点**
> 売上にかかるインボイスはNo.1から連番で発行する必要がありますが，連番でしていない場合にはそれだけでペナルティが発生し，売上を隠蔽しているという疑念をもたれるとともに推定売上高分だけ売上が計上されたと考えて納税を要求されることもあります。

【設問】

ケーキ屋を経営する会社において売上高合計10,000USドル，仕入および経費の合計金額が5,000USドル（VATインボイス入手分が1,300USドル，通常のVATでないインボイスが残りの3,700USドル），VATおよびMinimum Tax以外は考慮しないものとします。

売上10,000USドル×10／110＝909USドル　…売上にかかるVAT

売上10,000USドル－909USドル＝9,091USドル　…本体価格

仕入1,300USドル×10／110＝118USドル　…仕入にかかるVAT

売上VAT 909USドル－仕入VAT 118USドル＝791USドル　…VATとして納付

本体価格9,091USドル×1％＝90.9USドル　…Minimum Taxとして納付

|損益計算書|
売上　　　　9,091USドル
仕入　　　　4,882USドル
税前利益　　4,209USドル
法人税額　　　842USドル　（うち90.9USドルは月次申告において納付済）
税後利益　　3,367USドル

5　給与税の納付

（1）　概要

　カンボジアの個人に対する所得については，給与税および会社の源泉所得税により大半が完結する形となっています。そのうち給与税については日本と同様の形であり源泉徴収制度が採用され，税額計算方法は累進課税制度となっています。

　そのため，会社が支払った給与の中から給与税額分を源泉徴収して税務署に納める義務を有しており，それにより日本でいうところの個人の所得税の支払は完結します。日本人がカンボジアに赴任して仕事を行う場合などには，日本と海外の双方での給与の収入等で税額が高額となることが予想されますので，特に注意が必要となります。

（2）　所得の源泉

　居住地がカンボジアにあるか日本を含む海外にあるかにより，給与税の源泉税率が異なります。カンボジアにおいても日本と同様，一般的に多く採用されている居住地の概念と所得源泉の原則に従っているため，カンボジアの居住者は国内外から獲得するすべての所得（全世界所得）について，カンボジア税法により税額計算・納付を行う必要があります（税法41条）。それに対して非居住者の場合には，カンボジア国内での所得についてのみ，カンボ

ジアの給与税に基づいて税額計算・納付する必要があります。なおカンボジアにおける給与税は、給与だけでなく福利厚生を含むさまざまな支給等にも適用する必要があります。

	カンボジア国内での所得	カンボジア国外での所得
居住者	給与税の対象	給与税の対象 （全世界所得課税）
非居住者	給与税の対象	対象外 （居住地国で納税）

(3) 居住か非居住か

　カンボジアにおける税金の支払等については、居住者か非居住者かによって課税関係が大きく違うため、まず初めに給与対象者の居住者か非居住者かの区分が最も重要となります。

　カンボジアにおける居住か非居住かの判断は以下の要件により区分され、居住納税者（Residential taxpayer）は、次のような自然人を含みます（税法42条）。

- カンボジアに住所がある場合
- カンボジアに主要な居住地がある場合
- 当該課税年度末までの12ヵ月の間に182日以上滞在する場合

　上記に該当しない場合には、非居住者（Non-Residential Taxpayer）として取り扱われますので、すでに記載した源泉徴収税の支払については税率が異なることや給与税の支払においては居住者とは違った取扱が必要となり一律20％の給与課税がなされます（税法42条2項）。

　なお、マンションやコンドミニアムの一室を購入した場合にはカンボジアにおいて住所をもつことになるため、居住者として取り扱われる可能性があることも留意点として考えられます。

> **実務上の留意点**
>
> 　日本人がカンボジアに居住する場合においては，上記の形式的判断により判断されますが，上記形式判断に該当する場合でも租税回避の目的であることが明らかな場合等には日本側での実態判断により日本の居住者にも該当するとの疑いをもたれることもあります。そして，もし日本側で居住者と認められてしまった場合には，カンボジアおよび日本の両国において全世界所得を納めることが求められるため，特段の注意が必要となります。

(4) 所得の課税対象

　給与税には大きく分けて2つの課税対象があり，その1つが給与の支給にかかるものと，福利厚生にかかる給付に分けられます。これらは計算方法および内容に違いがあるため区分して計算する必要がありますが，似た性質であるため月次の申告の際にはReturn for Tax on Salary の同一シート内にて申告・納付をします。

①非課税の所得

　給与税の対象にならない支給内容は以下のとおりです。ただし，雇用に関連する所得に限ります（税法43条，44条）。

- 従業員が負担した業務上の立替費用の払戻分（雇用期間中かつ金額が合理的かつ証憑での裏付が必要）
- 労働法の規程の範囲内での一時解雇手当，増額退職手当
- 必要な範囲内でのユニフォームの提供
- 業務に関連した一定額の海外派遣費用や出張費用（払戻と二重に行われない場合）
- カンボジアでコストとして認められない非居住者の給与
- 事業活動に関連する教育費

②給与
- 給料・賃金
- ボーナス・賞与・一時金
- 時間外勤務休日出勤手当・その他の報酬
- 補償金

雇用者からの借入金や前受金返済のため，支払うべき給料から相殺精算した金額についても，本来給料の性格のため，含める必要があります（相殺精算しているからといって，差し引ける訳ではなく総額にて計算する必要があります）（税法46条）。

③福利厚生給与
- 住居および宿泊支援費用
- 住居にかかる水道光熱費や家政婦にかかる費用
- 個人的な目的で使用する乗用自動車の車両費など
- 上記の個人的使用の乗用自動車のドライバー給与およびガソリン代
- 事業活動に関連しない教育費および保険料の支援
- 過度または不必要な現金支給，社会福祉と年金支給
- 無利子または低利での貸付金および割引販売
- 原価を下回る価額での社内販売
- 従業員や個人に対する接待性や娯楽性支給（この費用は法人の税法上の費用にも認めにならない費用です）

> **実務上の留意点**
> 日系企業が従業員の移動のために自動車を使う場合にはフリンジベネフィットとして考えられてしまうことが多いものの，下記の場合にはフリンジベネフィットに該当しないため以下の条件をよく加味して使用されることも重要となります。
> ・就業時間後および休日に事務所に当該自動車を事務所等においている
> ・特定の従業員もしくはその家族のために使用されていない
> ・従業員もしくは従業員の家族などの個人的目的により使用されていない

(6) 所得の控除

雇用者の扶養家族および配偶者がいる場合の控除があり，それらは以下のように定められています。以下に該当する場合には，以下の控除を給与額面額から控除した上で給与税の計算を行います（税法46条）。

①扶養家族の控除

雇用者に扶養家族がいる場合には，子供１人につき 75,000 リエルの所得控除を行うことができます。ただし，会社による証明が必要になることに加えて，教育を受けている14歳以下の子供に限られますので注意が必要です。

②配偶者の控除

雇用者に専業主婦または専業主夫となっている配偶者がいる場合には，75,000リエル（約18.75USドル）の所得控除を受けることができます。

(7) 税率および計算

給与税は大きく下記の３つに分類することが可能です。
- 居住者に対する給与支給
- 福利厚生に見合う支給（Tax on Fringe Benefit）
- 非居住者に対する給与支給

これらのうち，居住者に対する給与については，所得控除が可能なものを控除した残りの課税所得金額に対して以下の税率を乗じ，そこから控除額を控除することで算定することができます。

福利厚生に見合う支給および非居住者に対する給与は，一律20％となるため居住者にかかる給与税の計算ほど複雑な控除計算等は必要ありません。

給与税の税率は，図表3-7および図表3-8のように定められています（税法46条，47条，48条）。

図表3-7　居住者に対する給与の給与税計算

課税所得金額	税率	控除額
0～500,000リエル	0%	―
500,000～1,250,000リエル	5%	25,000リエル
1,250,000～8,500,000リエル	10%	87,500リエル
8,500,000～12,500,000リエル	15%	512,500リエル
12,500,000リエル～	20%	1,137,500リエル

図表3-8　非居住者に対する給与および福利厚生に見合う支給の給与税計算

課税所得金額	税率	控除額
0リエル～	一律20%	―

　非居住者給与はカンボジア国内においては上記のように給与額にかかわらず一律20％で課税されます。その後，その徴収納付結果を本国に持ち帰って，確定申告等により本国において外国税額控除の方法により最終的に精算することができます（税法49条）。

> **実務上の留意点**
>
> 　非居住者の従業員に対する税率は一律で20％となっているため，居住者の税率における最高税率のみとなります。そのため可能であれば，従業員に対する給料は居住者に該当する給与所得税で負担できるようにすることが国内では有利となります。
> 　非居住者の従業員に対して給料を支払う場合の給与税20％と，非居住者の個人からのサービス給付に対して対価を支払う場合の源泉徴収税14％では，個人からのサービス給付に対する対価の支払にかかる源泉徴収税の方がカンボジア国内で納める税金は少なくなります。そのため，実際の居住国の税制を勘案して，料金決定や契約体系，対価の支払にかかる決定等を行うことが合理的と考えられます。

(8)　申告および納付

　給与所得税の申告および納付は各個人で行うのではなく，支払っている会社等の実質課税事業者が月次申告において翌月15日までに給与所得税の支払

および申告を行う必要があり、その中ですべて完結します。

カンボジアにおいては、個人に対する年次での年末調整や確定申告制度がないことから会社での支払により完結するとともに、会社が当該支払責任を有しています。

給与税における適用税率および計算は、最終的にカンボジアの自国通貨であるリエルにて計算することになります。リエルにて支払っている場合には当該支給額を用いて計算を行えばよいものの、USドルが多く流通しているカンボジアにおいては外国通貨（主にUSドル）で支払った給与は、カンボジア国税庁が毎月公表している公式の為替レートによって月次の申告時にリエル換算することが必要となります。

> **実務上の留意点**
> ・カンボジアで勤務して仕事をしている場合には、実際にカンボジアの会社より給与が支給されるかどうかに基づいて申告および納付がなされなければなりません。
> ・課税年度末までに、カンボジア滞在期間が182日以下であっても、カンボジアに6ヵ月以上勤務することを前提に来ている場合には、居住納税者に該当し申告が必要となります。
> ・代表者の給与も同様（赤字企業の場合には、無届け可）です。
> ・従業員に対する給与については、額面での支給となるのかもしくは差引後の手取金額での支給となるのかを、事前に従業員の方と交渉および取り決めをしておく必要があり、それに従った処理が必要となります。

(9) 日本からの駐在員の給与について

日本の会社の従業員等が現地法人や駐在員事務所に出向または転籍をし、カンボジアに居住して業務を行っている場合や、日本の親会社の代表者もしくは近隣諸国の代表者がカンボジア法人の代表を兼務している場合などがよく見受けられます。

この場合で、居住者となった場合には、カンボジアにおいて、全世界所得に関する給与税の申告納付対象となることがあるため注意が必要となります。

①カンボジア以外の国で給料を受け取っている場合のカンボジア居住者の給与税

カンボジアに居住する従業員が日本を含むカンボジア以外の外国で給料を受け取っている場合には，カンボジアでの給料に当該外国での給料を加えてカンボジアにおいて給与税の申告および支払が必要となります。その場合で日本において非居住者となっている場合においては日本での給料支払時点で源泉徴収をする必要はなく，カンボジアにおいてすべての税金を支払うことで完結します。

②日本での非居住者の取り扱い

居住者か非居住者は上述した基準等に基づいて判断されますが，形式的な判断だけでなく総合的な判断をもって非居住者判定をする必要があります。そのため，カンボジアにおいて形式的に居住者となった場合で，さらに日本でも実質的に居住者であると認められた場合には日本においてもカンボジアにおいても居住者になってしまう可能性があることから注意が必要です。ある人の滞在地が2か国以上にわたる場合に，その住所がどこにあるかを判定するためには，例えば，住居，職業，資産の所在，親族の居住状況，国籍等の客観的事実によって判断することになります。

この点租税条約を締結している場合には2国間において居住非居住の判断の調整が可能ですが，現在カンボジアは他国との租税条約を締結していないことから2重課税の可能性が残されているため，特に注意が必要です。

> **実務上の留意点**
> 滞在日数のみによって判断するものでないことから，外国に1年の半分（183日）以上滞在している場合であっても，日本の居住者となる場合があり得ることに注意が必要です。

6 福利厚生費

(1) 概要

上記の給与税での記載のように福利厚生に該当する支給については実質的に給与と同じ性格を有していることから，給与税の枠組内において給与税とあわせて申告します。

(2) 福利厚生費の対象

下記に，福利厚生給与の課税対象となるものを記載しております。

福利厚生費とは，直接または間接的に限らず雇用者である会社が雇用にかかる給与とは別に自然人に対して提供する商品または，サービスなどを指しています。

福利厚生費課税の対象となるものとは，以下となります。
① 住宅の提供
② 電気，水道料金，家政婦にかかる費用
③ 個人的使用のための車両関連費用（車の貸与，ガソリン代，保険料，ドライバー給料など）
④ 従業員等の食事代
⑤ 従業員のための教育費支援（少数の従業員が業務遂行のために直接必要な教育を除く）
⑥ 従業員の子供のための教育費の支援
⑦ 市場金利よりも低い金利を適用した融資の場合の市場金利との差額
⑧ 生命保険や健康保険料の支払い
⑨ 従業員への割引販売
⑩ 事業と関連して不当であり，関連のない費用であり個人への給付となるもの
⑪ 事業や雇用に関係しない活動のために支給した娯楽的支出や飲食代等

> **実務上の留意点**
> - 日系の進出企業においてはカンボジアに勤務する職員への手当や補助等が比較的手厚いことが多いことからも，福利厚生費関連については，税務調査時に多くの指摘を受けています。その際に税務調査員は，実際にビジネス上必要であり福利厚生に該当しないものまで福利厚生費として指摘されることも多く見受けられ，加算税および延滞税を求められることもあります。
> - あらかじめ指摘をされないようにするため，経費の発生段階における勘定科目や項目の整理および社内稟議資料等の作成が必要となります。
> - 出張費用などに関しては，実際に出張に関する内容を記載した出張旅費精算書を作成することで，社内的に承認されたものであることを残していく必要があります。
>
> 工員に食事を提供している場合に，食事手当について福利厚生として付加給付税の対象と考えられることが多いため，実務上可能であれば現物支給ではなく現金で支給し，給与から各自が支払う方法をとることが税務上はよいと考えられます。
>
> 従業員の方の家賃を会社が支払っている場合には，福利厚生費として20%の税金がかかります。また，オフィスを賃貸している場合と同様に，慣習的に賃貸にかかる源泉徴収税の10%を借主が負担することが多いことから，経費の計上に際して福利厚生費と源泉徴収税の合計30%の税金を月次で納める必要があります。そのため，それらを給与に含めて支払うよう調整することが税務上は有用です。

（3） 税率

福利厚生現物給与に対する税率は，一律20%を適用します。そのため，実際に福利厚生と認められる支給額に対して20%を乗じて計算します（税法48条）。

7 損金および益金に関する事項

（1） 概要

カンボジアの税法では日本と同様に，単純な会計上の利益をそのまま所得として扱うのではなく，一定の基準のもとで，控除可能な費用の基準を明示

しています。日本ほど複雑な仕組や計算は必要ないものの，日本では想定されていない加算項目も存在することから加減算項目に注意が必要です。

通常の経費関係について一般的な基準を満たしているすべての費用を控除することができますが，損金算入の際に特段に注意すべき支出として下記などをあげることができます（税法11条）。

① 適切であると認められる範囲内で会社の役員に支給した役員報酬・給与は通常どおり損金算入されます（日本の役員報酬ほど複雑ではないため異常な金額でない場合は問題ございません）。

② 接待性支出，娯楽およびレクリエーションなどに関する経費は費用計上した場合においても加算処理する必要があり，損金算入することができません。接待性経費を含む飲食に関する支出は損金として認められていないため，交際費は基本的に損金不算入として全額加算されることとなります（交際費損金不算入と同様の趣旨）。

③ ビジネスに関連しない個人的な支出（例えば自家消費や個人的な資産の購入など）や，通常の範囲内でないと考えられる経費（合理的といえない無駄遣いなど）などは，損金算入することができず全額加算する必要があります。

④ 他人のための支出税金や納税者自身の法人税は費用として損金算入することができません。

⑤ 工場や建物の建設・取得に関連して発生した利息または諸税は，建設や資産の取得をする間に発生した範囲内において資産の取得価額に含めることが認められています。そのため，他の減価償却資産とあわせて減価償却により損金算入することが認められています（借入金利息の取得原価算入）（税法13条）。

⑥ 上記の⑤に該当しない他の支払利息についても損金算入することができますが，営業利益（支払利息控除前）の50％と受取利息を合計した金額の範囲内において，損金算入ができることとされており，支払利息を増やすことによる過度の税回避を防止しています。ただし損金算入されなかった超過額は，次年度に繰り越すことが認められているため，最終

的には企業の損金として損金算入することができます（日本における過小資本税制と同趣旨）（税法12条）。

⑦ 有形固定資産および無形固定資産の取得価額についても日本と同様に，税法上の減価償却計算による損金算入が認められています。有形固定資産については当該種類ごとに定められた償却率と償却方法に応じて，無形固定資産については無形固定資産に定められた償却率と償却方法に応じて税務上の損金算入限度額を計算し，会計上の減価償却費と調整計算を行います（償却方法や償却率は異なるものの日本の減価償却費計算と同趣旨）（税法12条，14条）。

(a)有形固定資産（建物および構築物以外は定率法で半永久的に償却）
- 建物および構築物　5％　定額法
- コンピュータ，電子情報機器，ソフトウェア等　50％　定率法
- 乗用車，トラック，オフィス家具・その他備品　25％　定率法
- その他の固定資産　20％　定率法

(b)無形固定資産
- 資産との関連づけができる無形固定資産　資産の償却率および償却方法
- それ以外の無形固定資産　10％　定額法

関連の天然資源の探査に関連する支出（いわゆる開発費用）については，減価償却することが認められます。

⑧ 会計上の減価償却と税務上の減価償却に差が生じているときは，有形固定資産の除売却における会計上の損益を調整して，税務上の損益に調整する必要があります。

⑨ 寄付金（一定の機関に対する慈善関連の寄付行為）は，寄付金を控除前の課税所得の5％の範囲内でのみ控除が認められています（日本と同様に全額ではなく限度あり）（税法16条）。

⑩ 過年度5年間において課税所得のマイナスがあり欠損の繰越を行い，なお繰越欠損が残っている場合には，当期の課税所得から控除することが可能です（「8 欠損金」にて後述）（税法17条）。

⑪　国内企業から配当を受け取った場合には，収益として計上されるものの，益金からは控除することができるため，利益を計上した被投資企業において当該企業の法人税のみ課税されることとなり，二重課税はされていません。

⑫　直接か間接かを問わず，関係者との間での取引において損失を計上した場合には当該損失部分については損金算入することができず，当期の課税所得計算において加算する必要があります。

> **実務上の留意点**
>
> ・利息の認定については建設資金利息算入制度がありますが，減価償却を通じて費用として認められます（特に工場建物や事業用建物など）。
> ・カンボジア国内に親会社と子会社を設立しビジネスを行う場合には，配当であれば源泉徴収も含めて無税であるのに対して，利息であれば損益計算および源泉徴収に影響を与え，経営指導料の名目であれば源泉徴収はないが損益計算に影響を与えます。加減算合計額は同じであるもののどの方法が最も税額の後払いを可能とするか等を勘案してスキーム作成を行うことが必要となります。
> ・食事を主とした娯楽性接待費は費用計上した場合においても損金不算入とされることが多いため，明らかに交際費に該当しないことを説明可能な場合にのみ損金算入することが望ましいと考えられます。その場合においても他の勘定科目（実態に即した）にて処理し，内部資料等で当該費用の説明だけでなく社内承認や稟議等を得ていることに加えて実体としていわゆる交際費に該当しないという合理的な説明をできるかぎりにおいて，他の勘定科目で処理をすることが好ましく，また内部決裁書類に業務上発生することが合理的でかつ必然の費用であることを証明することができる根拠を用意しておくことが必要です（根拠がない場合には，福利厚生費として処理する可能性があります）。

8 欠損（Losses）

　日本の欠損金にかかる制度と同様に，納税者の欠損金は繰越可能で，発生から5年間の繰り越しが認められています。そのため，過年度において欠損を計上していた場合には年度決算における法人税の追加支払は不要であることも考えられます。連結納税やグループ法人税制などのような欠損金の他社への使用等の制度などはカンボジアにおいてはないため，比較的シンプルな制度となっています。

　欠損金の繰越を認められるために，納税者は，事業活動の内容の変更や株主の変更があってはならない。現行税務当局の慣行によると，カンボジアで認められている勘定科目に対応して記帳されていない場合には，税務当局からの一方的な税務調査を受けることとなります。その調査の結果で修正が必要となるような状況では，納税者は税務調査をした年度以降に欠損を引き継ぐことができなくなるので，注意が必要です（税法17条）。

9 特別償却（Special Depreciation）

　QIPを取得している企業が法人税免除でなく特別償却を選んだ場合には，製造用資産および事業用資産を取得した最初の年または取得資産を初めて使用する年に取得価額の40％を特別償却することができます。本規定は，4年以内に保有する予定の資産に対して適用を受けます（投資法14条）。

10 取引価格（Transfer Pricing）

　カンボジアにおいて，厳密な移転価格の制度はないものの，関係性の深い相手（Relatied Parties）との取引において損失を計上した場合に当該損失部分についてのみ，損金算入を認めず加算を要するという方針をとっています。

　税務当局は，税金の回避または脱税を目的としているような共同株主・所

有者との間の所得と費用について，適正となるように再分配することができるという幅広い権限をもっている。また，一般的に共同所有とは相互に20％の水準を保有していることを意味し，51％以上の所有関係にある場合の取引で発生する損失については，費用として控除ができない（税法18条，19条）。

第3節 個人にかかる税務

1 個人の所得にかかる税金の概要

　カンボジアにおける個人所得にかかる税金は，日本でいうところの所得税と似ているものの制度の体系が少し違っています。カンボジアにおいては，給与税および源泉徴収税により個人所得にかかる税金の大部分が完結します。そのほかについては，個人事業として事業をしている場合で取引金額が少額である場合には，Estimate Regimeによる計算で納付を行えばよいものの，一定金額を超えてくる場合にはReal Regimeでの申告納付が必要となり，会社登録した場合と同様となります。

図表3-9　個人の税金徴収

従業員	勤労に対して企業から給与の受取	Salary Tax
自営業	サービス他の業務に対して企業からの受取	Withholding Tax
自営業	比較的大規模な事業を行っている場合	Profit Tax

　日本と違い確定申告や年末調整の制度が確立されていないことから，個人の納税の大部分がSalary TaxもしくはWithholding Taxにより支払われている状況です。そのため，個人の税金に関しては日本などのように複雑な仕組みではありません。

　ただし，Salary TaxやWithholding Taxにより企業からの支払が行われているのが主な状況のため，個人でなくそれらの支払を行っている企業側の税務上の処理が複雑となっているのが現状です。

第4節 関税およびその他の税金

1 関税（Import & Export Duty Tax）

(1) 輸入関税

　輸入関税は、多くの製品について幅広く課されており、0％から35％まで（0％, 7％, 15％, 35％）と多様に適用されている。1999年のASEANに加入した後に一般特恵関税協定（CEPT:Common Effective Preferential Tariffs program）に応じて、輸入関税を引き下げている状況であり、今後はAFTA等によりさらに関税が削減・撤廃されていく方向である。

　輸入はCIF、輸出はFOB価格を採用しています。原則として取引価格（Transaction Value）を基準としていますが、取引価格を課税標準とすることが妥当でないと認められるときは、同種または類似の貨物の取引価格を適用します。なお、取引価格、同種または類似の貨物の取引価格をもって課税価格を決定できない場合には、国内販売価格または製造原価に基づき課税価格を決定する場合があります。

図表3-10　輸入関税

品目等	税率
医療用品（HS30類），肥料（HS31類）など	0%
食用の果実およびナット等（HS08類），動・植物性の油脂等（HS15類），紙・板紙等（HS48類）	7%
衣類および衣類付属品（HS61および62類　一部除く）等	15%
肉等（HS02類　一部除く），肉・魚等の調製品（HS16類　一部除く），野菜・果実等の調製品（HS20類　一部除く），自動車（HS8703項　一部除く）	35%

（2） 輸入関税にかかる投資インセンティブ

輸入関税の免除は，QIP（優遇税制）をCDC（カンボジア開発協議会）を通じて取得した場合に特定の産業（例;基本的な通信サービス，遺伝ガス・鉱業開発など）に適用されることがある。輸入関税の免税を受けるためには，マスターリストと呼ばれる事前に輸入する部材等を記載したリストの提出が必要となります。

（3） 輸出関税

輸出関税は，木材やほとんどの水産物を含む特定の動物関連製品のように，限られた物品にのみ適用している。平均的に10%ほどです。カンボジアにおいて一定の物品等の輸出を行う際には，輸出関税を納付する必要があります。

図表3-11　輸出関税

品目等	税率
魚，甲殻類，軟体等（HS03類） 鉱石等（HS26類），ゴム等（HS40類　一部除く）	10%
硫黄，土石類等（HS25類　一部除く）	10%または20%
木材およびその製品等（HS44類　一部除く）	5%，10%または15%

2　特別税（Specific Tax on Certain Merchandise and Service）

（1） 概要

特別税は，特定商品の輸入または国内生産と特定の財やサービスの供給に関連して付加価値税（excise）の形で対応しています。当該特別税は国内生産品もしくは輸入品に対してその時点で課税されます。

（2） 課税のタイミング

特別税は，輸入商品については輸入時点，国内生産品については工場での生産後の販売時に課せられます。そのため，輸入もしくは国内生産品を商社

や工場から仕入れてそれらを販売している会社等には課税されません。

(3) 課税金額
　国内生産された商品の場合は工場出荷額に，輸入商品の場合にはCIF価格に関税を含めた金額に適用される。ホテルや通信サービスの場合には，請求書の金額を基準とし，航空券の場合はカンボジア国内および国外での価値を基準とする。付加価値税（VAT）含まない価格に対して特別税が課税されることから，サービス業などについては販売価格から逆算等が必要となります。

(4) 申告および納付
　国内売上高の場合は，翌月15日までに毎月申告および納付をするものとし，輸入品の場合は輸入の時点で税関に納付しなければなりません。

(5) 適用される業種等
　サービス業，ホテル事業その他のサービス関連事業などが該当し，特にマッサージ業やカラオケ・ナイトビジネスを営む店舗等は計算および支払が必要となります。
　エンターテインメント事業を行う企業は当該税金の支払が必要となりますが，エンターテインメント事業としては，オーケストラ，音楽，ステージパフォーマンス，カーレーシング，モーターサイクル，ボーリング，マッサージ，カラオケ，ビリヤード，ディスコおよびゲーム等が該当します。

(6) 税率
　特別税の主なものの税率は図表3-12のとおりです。

図表3-12 特別税のうち主なものの税率表

品目等	税率
通信費	3%
ワイン，炭酸飲料，ミネラルウォーター，フルーツジュースや野菜ジュースなどの飲料 タバコ，航空券，潤滑油，ブレーキ油，エンジン油原料 エアコン，化粧品，カメラ，エンターテイメント	10%
タイヤ，自動車部品等	15%
ビール類	25%
自動車	45%

【設例】

マッサージ店を営むA店の月次の売上は11,000 USD（VAT含む）である。その場合のVATおよび特別税およびMinimum Taxの金額を求める。簡便的に当該質問では費用の発生およびその他の収益は発生しないものと考える。

11,000 USD ÷ 110%	= 10,000 USD		
11,000 USD − 10,000 USD	= 1,000 USD	⇒	VAT
10,000 USD ÷ 110% × 10%	= 909 USD	⇒	Spcific Tax
10,000 USD × 1%	= 100 USD	⇒	Minimum Tax

3 公共照明税（Public Lighting Tax）

(1) 概要

カンボジアからの輸入または国内製造されたアルコール製品とタバコ製品の流通について付加する税金であり，国内販売の時点で，当該販売価額に対して3％の税率を適用して計算されます。これらの製品の価額は，VATを除くすべての税金を含んだ金額を意味します。

(2) 課税標準

課税標準＝販売価額（VATおよびTPLを除く）

> **実務上の留意点**
>
> 飲食店などにおいてアルコール製品を扱っている場合には当該税金を支払う必要があります。その際にはVATとともに売上高から割戻して支払う必要があることから，進出に際しての予算策定時点においてあらかじめ織り込んでおく必要のある税金と考えられます。
> また，飲食店においては当該税金の対象となる課税対象金額を把握するためアルコールの売上とそれ以外の売上とを分けて計算することが必要となることから，レジやレシートもしくはその他の方法により集計および区分ができるようにする必要があります。

(3) 税率

税率はアルコール飲料およびタバコの売上高に対して一律で3％の税金が課せられます。

(4) 申告・納付

当該税金は他の月次での申告・納付が必要なものと同様に毎月翌月15日までに申告・納付が必要となります。

【計算例】

飲食店を営むA店の月次の売上は33,000 USドル（VAT含む）であり，さらにその中の売上構成は，下記のとおりです。

- 食事22,000USドル（VAT含む）
- アルコール7,700USドル（VAT含む）
- ノンアルコール3,300USドル（VAT含む）

上記の場合のVAT，Public Lighting TaxおよびMinimum Taxの金額を求

める必要があります。簡便的に当該質問では費用の発生およびその他の収益は発生しないものと考える。

33,000USドル÷110% = 30,000 USドル

33,000USドル−30,000USドル = 3,000 USドル⇒VAT

7,700USドル÷110% = 7,000USドル

7,000USドル÷103%×3% = 203.8USドル⇒Public Lighting Tax

30,000USドル×1% = 300USドル⇒Minimum Tax

4 宿泊税（Accommodation Tax）

（1） 概要

　当該税金は，ホテルやゲストハウス経営の事業者に対して，VATを除くすべての税金を含む宿泊料金に対して2％の税金を課すことで，宿泊税を徴収しています。

（2） 税率

　宿泊料金（VATを除く）に対して，2％が課せられます。

（3） 申告および納付

　実質課税事業者の場合は毎月翌月15日までに申告・納付を要するものとし，通常の他の月次申告の範囲内で行うものとなっています。推定課税事業者の場合は，翌月10日までに納付しなければなりません。

【計算例】

　ゲストハウスを営むA社の月次の宿泊にかかる売上は9,000USD（VAT含む），その他ホテルで販売している飲食にかかる売上は11,000USD（VAT含む）であり，うち7,000USD（VAT含む）はアルコールの販売となっています。賃料は1,500USD，人件費は100USD×5人，その他経費4,000USD（うちVATインボイスの合計が税込1,100USD）となっており，その他は無視する

ものとします。
 Output VAT ＝（9,000 ＋ 11,000）× 10／110 ＝ 1818.2
 Input VAT ＝ 1,100 × 10／110 ＝ 100
 VAT納付額 ＝ 1818.2 － 100 ＝ 1718.2 ⇒ VATとして月次申告

 Minimum Tax ＝（20,000 － 1818.2）× 1％ ＝ 181.8
⇒前払法人税として，月次申告

 Accommodation Tax ＝ 9,000 × 100／110 × 2／102 ＝ 356.5
⇒宿泊税として，月次申告

 Public Lighting Tax ＝ 7,000 × 100／110 × 3／103 ＝ 185
⇒公共照明税として，月次申告

 Withholding Tax ＝ 1,500 × 10％ ＝ 150 ⇒ WHTとして月次申告
 Salary Tax ＝ 0 ⇒ 全員が100ドルのため，0％課税

5　その他の税

(1) 賃貸税（Tax on Property Rental）

　事業者が土地，建物，特定の機器と倉庫設備等を賃貸した事業を行う場合に該当する税金に関連総賃貸収入の10％を申告および納付しなければなりません。実際は貸主が負担すべきもので，借主が支払義務を負いますが，慣習により借主側が追加負担することが一般的となっています。

　そのため，あらかじめ契約締結の際に確認することをお勧めします。実際は貸主の本来払うべき賃貸税を源泉徴収の形で借主が支払う義務を負っており，さらに実務慣習上貸主が負担すべき賃貸税の負担までもが借主に負担させられているのが現状です。

　契約書において貸主および借主のどちらが負担してどちらが税務署への申

告を行うかを賃貸契約書に記載することで，負担元および源泉徴収税の支払人を決定することができます。

(2) 看板税 (Fiscal Stamp Tax)

この税金は，特定の公式文書や特定の広告や看板について課される税金で，す。税の算出は看板の位置，大きさ，照明，広告物の国籍等の要素を考慮して計算されます。当該税金があるため，お店などで看板を出さない店もでてきています。

(3) 事業所登録税 (Patent Tax)

最初に事業者登録をする場合やその後の毎年の更新の際に，約240,000リエル（約600USドル）に該当する事業所税を納付しなければなりません。カンボジアにおいては1つの会社において複数の事業登録を行うことができるため，事業ごとに当該登録を行い事業所登録税を支払う必要があります。当該税金は直前年度の売上高または推定売上を基準に課税されます。

(4) 登録税・資産譲渡税 (Registration Tax or Property Transfer Tax)

事業の新設，解散または合併関連書類や土地や車などの資産の移転の場合に，登録税の対象となります。登録税は，移転価格の4％の税率を適用しています。

日本の不動産取得税と似た制度であり，購入した側に課せられるのが原則となっていますが，実務上は契約において決定することもあります。

(5) 未開発土地保有税 (Unused Land Tax)

通常使われているべき土地について使用がなされていない場合には，賃貸税やその他の税収が減少してしまいます。そのため，都心や特定の地域にある土地や建築物がない場合や，または使用していない建築物がある場合には，未開発の土地保有税の対象となります。税金は毎年6月30日の未開発の土地

評価委員会が決定した土地の価額の2％を適用して計算しています。土地の所有者は，毎年9月30日までに申告や納付をしなければなりません。

（6） 輸送税（Tax on Means of Transportation）

この税は，輸送手段となる物（バス，トラック，モーター，船舶など）の登録に関連して課されるものであり，会社に限らず取得・登録の際に支払が必要になります。

（7） 印紙税（Tax Stamps）

当該税は，タバコを販売するためのライセンスと似ていますが，タバコをカンボジア国内で生産または輸入をしている場合に印紙税納付済証が必要となります。印紙税納付済証がなければ，タバコを販売することや販売目的により陳列することができないため注意が必要です。

（8） 不動産保有税（Tax on Immovable property）

不動産保有税は，土地，建物および土地の上に構築されている構造物について課税されるもので，日本の固定資産税と同様の税金となっています。税率は評価額の0.1％であり，基礎控除額は，1億リエルとなっており評価額1億リエル以上の不動産にのみ課税されます。申告納付に関しては，毎年9月30日までに申告納付することになっています。毎年，財政経済省（Ministry of Economy and Finance）が定めた評価委員で定められた価格が1億リエル（約25,000USD）以上の財産が対象となっています。

以下の財産については，営利目的でないことから課税されません。
- 政府所有となっている不動産
- 非営利目的，国際団体や大使館，宗教，慈善事業のための不動産

第5節 税務調査および罰則等について

1 税務調査の概要

　日本だけでなく，カンボジアにおいても税務調査は存在します。税務当局は納税者に対して各種資料の提出を求めるとともに，それらの説明や処理事項等が適正に記録されていることや税法の定める規則等に従っているかを確認します。納税者が当該定めに従っていない場合などには，税務当局に提出した情報や証憑類に加えてその他の情報に基づき，追加税額等の更正決定を行います。

2 提出資料等

　税務調査には，税務調査官が会社に訪問せずに資料の提出を行い質問のみで対応する場合と，実際に訪問する場合とがあります。
　どちらの場合にも，総勘定元帳などの会計仕訳を記録したものの提出が求められるとともに，在庫表や過去の税務申告資料その他の提出が求められます。
　税務調査時に提出を要求される資料等についてはすべての提示が必要となりますが，一般的に提出しなければならない資料は，以下となります。
- 毎月の月次税務申告
- 年次の年次税務申告
- 貸借対照表および損益計算書
- 売上のInvoiceの原本
- 仕入および経費のInvoiceの原本

- 総勘定元帳の写し
- 在庫増減を示した資料
- 会社定款およびパテント

これらを確認した上で税務調査官から追加での資料確認や内容に関する質問が行われます。

3 税務調査の流れ

一般的に設立から3年以内ほどで初回の税務調査が始まることが多くみられます。初回は税務署において税務調査官に資料のみを提出し，その質問および依頼に応えることで終了します。

その後数年後に再度税務調査が行われる場合に実際に会社に訪れる場合もあります。

実際には，会社の会計処理には一定のストーリーと根拠づけが必ず必要になることから裏付となる考え方に基づいた会計処理と申告が行われていることが重要となります。

4 罰則等

規則に違反した場合には，本来必要であった税金の支払いに加えて追加での加算税等が課されます。

違反の性質等により税率が異なり，下記により税率が決められています。

下記に該当し過失が認められる場合には，未納税金の10%を加算税として支払う必要があります。
- 申告，納付期限までに税務申告または納税を行わなかった場合
- 支払った納税額と税務当局側による算定税額の差が10%未満の場合

第5節　税務調査および罰則等について

　支払った納税額と税務当局側による算定税額の差が10％以上の場合には，過失が大きいことから25％の加算税を支払う必要があります。
　さらに，税務当局から更正決定を受けた場合には，40％の加算税を支払う必要があります。

　上記に加えて，申告書提出や税金納付が遅れた場合には延滞利息の支払が必要となり，月利2％での支払いが必要となります。申告書提出が遅れた場合や納付が遅れた場合に適用されます。

　上記以外にも，故意に違反を行っていた場合や会計記録を行っていない場合などや，未納税額に直接的に関係しない違反が行われている場合についても加算税等の対象となることから注意が必要となります。

第6節 その他の関連事項

(1) 国際条約（INTERNATIONAL AGREEMENTS）

以下の国々とカンボジア政府は，いくつかの投資の促進と貿易に関する協定（Investment Promotion and Trade Agreement）を締結しています。しかし，日本との間では未締結です。

インドネシア・オランダ・韓国・キューバ・クロアチア・シンガポール・スイス・タイ・中国・ドイツ・フランス・フィリピン・ベトナム・マレーシア・ラオス

(2) 二重課税防止条約（DOUBLE TAXATION AGREEMENTS）

日本は多くの国々と二重課税を防止する租税条約を締結しようとしていますが，日本とカンボジアはまだ，この条約が締結されていません。カンボジアは日本に限らず海外諸国との租税条約の締結を行っていないため，二重課税の防止および情報の把握が深くはできていない状況です。

第7節 月次申告について

(1) 概要

会社は一定の様式によって，毎月の申告書の作成・申告および納付が必要となります。そのため，各書式の意味等を理解した上での申告・納付もしくは依頼が望ましいと考えます。

(2) 提出

毎月これらを作成したものを2部用意して署名および会社印の押印が必要となります。それら2部を納付書を添えて税務署に申告することを要します。その際に1部は税務署用，1部は会社控えとして税務署の受取印付のものを保管することが求められます。

以下は，月次申告のフォームおよびそれらの記入方法を記載しています。

第 3 章　カンボジアの会計税務

様式3-1　Tax Return（表）

①Tax Return（表）

　売上に関連して発生する前払法人税，特別税，宿泊税，公共照明税他について当該用紙により申告を要します。

01：期間を記載する。1ヵ月分のみのため，2013年4月分であれば，2013年4月1日から2013年4月30日までで作成する。（左側が月初，右側が月末）
02：会社のVAT番号を記載する。（10ケタ）
03：会社情報を記載する。（すべてクメール語で記載する必要あり）
　　会社名，業種，住所，電話番号，メールアドレス

Ⅰ．Prepayment of Profit Tax
　法人所得税の前払部分であり，売上高の1％を毎月申告納付する。これにより，利益が計上されなかった場合においても当該1％は還付等することができずミニマム税として扱われます。
04：前月からの繰り越した前払法人税額を記載（基本的にN/A）
05：当月の課税標準税額を記載（VATを除いた売上高をリエル建で）
06：課税標準税額の1％（05の1％）を記載（リエル建で）
07：前払法人税額の次月への繰越金額を記載（基本的にN/A）
08：払うべき前払法人税額を記載（繰越と当月の差引により算定可能）

Ⅱ．Specific Tax on Certain Merchandises and Services（種類ごと）
　特定品目およびサービスにかかる税金であり，輸入および生産時に課税
09：特別税の課税標準額を記載（種類ごとにリエル建にて記載）
10：特別税の税率および金額を記載（種類ごとに率およびリエル建にて記載）
11：09と同様で複数ある場合に記載
12：10と同様で複数ある場合に記載

Ⅲ．Accommodation Tax（2％）
ホテルやゲストハウスなどでの宿泊にかかる税金であり，売上時に課税

13：宿泊税の課税標準額を記載（リエル建にて記載）
14：宿泊税の金額を記載（リエル建にて記載）

Ⅳ．Public Lighting Tax（3％）

　公共照明のための税金であるが，輸入および国内生産のアルコールおよびタバコについて課税対象としています。税率は一律で3％であり，各取引ごとに課税されます。

15：公共照明税の課税標準額を記載（リエル建にて記載）
16：公共照明税の金額を記載（リエル建にて記載）

Ⅴ．Other Taxes

　その他支払う税金がある場合にこちらに記載（基本的には該当なし）

17：その他の税の課税標準額を記載（種類ごとにリエル建にて記載）
18：その他の税の税率および金額を記載（種類ごとに率およびリエル建にて記載）

Ⅵ．Total Tax Due

19：当該ページにおける各種税金の合計金額を記載（リエル建にて記載）
　　08，10，12，14，16，18の合計金額

第7節　月次申告について

様式3-2　Tax Return（裏）

Supply of Goods/Products

№	Description of Goods	Quantity	Base for Specific Tax	Sale Amount Excluding Taxes	Invoice from № to №

Total

Supply of Services

№	Description of Services	Quantity	Base for Specific Tax	Total Amount Excluding Tax	Invoice from № to №

Total

Notes : For supplying of service especially accommodation service like hotel, *quantity* should be number of room occupied for the month.
Use separate sheets if the space is insufficient.

②Tax Return（裏）

販売した商品等の内容詳細を記載します。
Salesの詳細を記載

Supply of Goods/Products
No.：販売した商品および製品に応じて，上から番号を振る
Description of Goods：販売した商品および製品の内容
Quantity：販売した商品および製品の量
Base for Specific Tax：特別税の課税標準額
Sale Amount Excluding Taxes：特別税およびVATを除いた販売額
Invoices from No. to No.：種類ごとのインボイス番号

Supply of Services
No.：サービスの種類に応じて，上から番号を振る
Description of Services：サービスの内容
Quantity：サービスの量
Base for Specific Tax：特別税の課税標準額
Total Amount Excluding Tax：特別税およびVATを除いた販売額
Invoices from No. to No.：サービスごとのインボイス番号

第7節　月次申告について

様式3-3　Return for Value Added Tax（表）

③Return for Value Added Tax（表）

　VATの仮受と仮払の計算を行い，VATの申告計算を行います。
　VATの申告にかかる情報を記載します。

01：会社のVAT番号を記載する。（10ケタ）
02：期間を記載，１ヵ月分のみのため，2013年４月分であれば，2013年４月１日から2013年４月30日までで作成する。（左側が月初，右側が月末）
03：会社情報を記載する。（すべてクメール語で記載する必要あり）
　　会社名，業種，住所，電話番号，メールアドレス
04：もしまったく取引がない場合にはNIL（無という意味）と記載します。
05：Input tax credit from previous month
　　過去からのVAT input（仮払付加価値税）の繰越金額がある場合に記載
06：Non-taxable or non-creditable purchases
　　VATが非課税またはVATインボイスを入手していない取引の購入額
07：10% Standard rated local purchases
　　VAT課税取引にかかる購入額（リエル建にて記載）
08：VAT課税取引にかかるVAT金額＝［07］×10%（リエル建にて記載）
09：10% Standard rated imports
　　VAT課税取引にかかる輸入での購入額（リエル建にて記載）
10：VAT課税取引にかかる輸入でのVAT金額（リエル建にて記載）
11：Total amount of input tax（05＋08＋10）
　　前月から繰り越したVAT inputと当月のVAT Inputの合計を記載
12：Non-taxable sales
　　VATが非課税の取引にかかる販売額
13：０％ Exports
　　VATがかからない輸出取引にかかる販売額
14：10% Standard rated sales
　　VAT課税取引にかかる販売額
15：VAT課税取引にかかる販売額に対するVAT（［14］×10%）

16：VAT OutputがVAT Inputを上回っている場合の差額を記載

　　［16］においてInputが上回っている場合には，［17］および［18］

17：Refund

　　［16］にてVAT Inputが多く3ヵ月以上経ったものについて還付を受ける際に記載（制度はあっても実務的には困難）

18：Credit carried forward

　　［16］にてVAT Inputが多い場合に次月以降に繰越可能

第3章　カンボジアの会計税務

様式3-4　Return for Value Added Tax（裏）

④Return for Value Added Tax（裏）

　仕入にかかるVATを計算するにあたって，仕入および経費の詳細リストを記載します。

SUMMARY OF CREDITABLE PURCHASES AND TAXABLE SALES FOR THE MONTH
　VATの課税売上および課税仕入のサマリー（別形式でも問題なし）

20：GOODS OR SERVICES IMPORTED OR PURCHASED ON WHICH A CREDIT IS CLAIMED／輸入取引または課税仕入
　Description of Goods or Services／商品および製品の内容
　Quantity／量
　Date of purchase／購入日
　Invoice／Customs Declaration number／インボイス番号
　Suppliers／相手先名称
　Value exclusive of VAT／金額

21：GOODS OR SERVICES EXPORTED ON WHICH ZERO RATE IS CLAIMED／輸出取引および非課税売上
　Description of Goods or Services／商品および製品の内容
　Quantity／量
　Date of Export／輸出日
　Customs Declaration number／
　Exit Point／相手先名称
　Export Value／輸出金額

第3章 カンボジアの会計税務

様式3-5 Return for Withholding Tax（表）

⑤Return for Withholding Tax（表）

　源泉徴収税について各項目・各税率ごとに記載します。

01：期間を記載する。1ヵ月分のみのため，2013年4月分であれば，2013年4月1日から2013年4月30日までで作成する。(左側が月初，右側が月末)
02：会社のVAT番号を記載する。(10ケタ)
03：会社情報を記載する。(すべてクメール語で記載する必要あり)
　　会社名，業種，住所，電話番号，メールアドレス
04：Withholding Tax on Resident／居住者への支払に関する源泉徴収税
　　各種サービスや支払種類ごとに総支給額，それに対する源泉徴収税額を記載
　　※銀行への利息の支払に関しては4％および6％，賃貸費用に関しては10％，その他の支払に関しては15％となります
05：Withholding Tax on Non-Resident／非居住者への支払に関する源泉徴収税
　　※海外への各種支払に対して14％が源泉徴収として課税されます（利息，ロイヤルティ，レンタル・リース，経営指導料，管理費，配当，その他）

第3章 カンボジアの会計税務

様式3-6　Return for Withholding Tax（裏）

Details on the Withholding Tax on Resident Taxpayers:

No. A	Name of Recipients B	Object of Payment C	Invoice/Payment Note D	Amount Before Tax Withheld E	Tax Rate F	Withholding Tax G = E x F

Details on the Withholding Tax on Non-Resident Taxpayers:

No. A	Name of Recipients B	Object of Payment C	Invoice/Payment Note D	Amount Before Tax Withheld E	Tax Rate 14% F	Withholding Tax G = E x F

Notes: Use separate sheets if the space is insufficient.

⑥Return for Withholding Tax（裏）

　源泉徴収税の対象となるものについて詳細内容を記載し，各計算を行います。

Details on the Withholding Tax on Resident Taxpayers
　No.：番号
　Name of Recipients：受取人（報酬）の名前
　Object of Payment：サービス等の内容
　Invoice/Payment Note：インボイスまたは支払
　Amount Before Tax Withheld：源泉徴収をする前の総額
　Tax Rate：税率
　Withholding Tax：源泉徴収税額

Details on the Withholding Tax on Non-Resident Taxpayers
　No.：番号
　Name of Recipients：受取人（報酬）の名前
　Object of Payment：サービス等の内容
　Invoice/Payment Note：インボイスまたは支払
　Amount Before Tax Withheld：源泉徴収をする前の総額
　Tax Rate　14%：税率14%
　Withholding Tax：源泉徴収税額

第3章　カンボジアの会計税務

様式3-7　Return for Tax on Salary（表）

⑦Return for Tax on Salary（表）

給与税の計算を各段階ごとに行います。

01：期間を記載する。1ヵ月分のみのため，2013年4月分であれば，2013年4月1日から2013年4月30日までで作成する。(左側が月初，右側が月末)
02：会社のVAT番号を記載する。(10ケタ)
03：会社情報を記載する。(すべてクメール語で記載する必要あり)
　　会社名，業種，住所，電話番号，メールアドレス
04：Tax on Salary on Resident Employees
　　0％から20％まで累進課税にて計算しますが，各段階ごとに集計して記載します。各人の詳細計算は裏面もしくは別紙にて行います。
　No. of Employee：各給与段階ごとの従業員の数
　Salary to be Paid：給与額面額
　Spouse：主婦をしている配偶者がいる場合に1と記載
　No. of M Children：14歳以下の子供がいる場合に当該人数を記載
　Tax on Salary Calculation Base：配偶者および扶養家族の控除後の課税額
　Tax Rate：累進課税で各段階ごとに5％〜20％で記載
　Tax on Salary：給与税額
05：Tax on Salary on Non-Resident Employees
　　非居住者の給与税は一律で20％にて計算します。そのため，非居住者を集計して記載します。各人の詳細計算は裏面もしくは別紙にて行います。
　No. of Employee：非居住者の従業員の数
　Salary to be Paid：給与額面額
　Tax Rate：20％で記載
　Tax on Salary：給与税額
06：Tax on Salary on Fringe Benefit
　　付加給付税は20％にて計算します。そのため，各金額を集計して記載します。各項目における詳細計算は裏面もしくは別紙にて行います。
　No. of Employee：非居住者の従業員の数
　Fringe Benefit Amount：付加給付額総額
　Tax Rate：20％で記載
　Tax on Salary：付加給付税額（給与税と同様）
07：Total Tax Due：居住者，非居住者，付加給付にかかる給与税合計

第3章 カンボジアの会計税務

様式3-8　Return for Tax on Salary（裏）

⑧Return for Tax on Salary（裏）

給与税の計算について各人ごとに詳細に行います。これらの合計を表面に記載を要します。

Details on the Tax on Salary on Resident Employees：
No.：番号
Name of Employee：従業員名
Nationality：国籍
Function：部署
Salary to be Paid：給与額面総額
Spouse：主婦の配偶者がいる場合には1と記載
Minor Children：14歳以下の子供がいる場合には当該人数を記載
Allowance：上記の主婦および扶養家族の人数分だけ1人当たり75,000リエルを控除可能
Salary Tax Calculation Base：給与課税標準額を記載，給与額面額から控除可能金額を控除後の金額にて記載
Tax Rate：給与税額に応じた税率を記載
Tax on Salary：給与税の金額を記載
Remarks：補足，注書を記載

Details on the Tax on Salary on Non-Resident Employees and Tax on Salary on Fringe Benefit：
No.：番号
Name of Employee：従業員名
Nationality：国籍
Function：部署
Salary to be Paid /Fringe Benefit：給与および付加給付額の額面総額
Tax Rate 20%：税率20%を記載
Tax on Salary：給与税の金額を記載
Remarks：補足，注書を記載

第8節 年次申告について

　会社は以下の様式によって，毎月の申告書の作成・申告および納付が必要となります。そのため，各書式の意味等をわかった上での申告・納付もしくはわかる方への依頼が望ましいと考えます。

　以下は，年次申告のフォームおよびそれらの記入方法を記載しています。

　当該フォームに記載し2部作成したものを社員とサインを添えて税務署に申告します。それにより，税務署が受取印を押したものについて1部を受取会社にて保管します。

第8節　年次申告について

様式3-9　Annual Profit Tax Return

法人税の税務申告書

1：会社のVAT番号を記載する。（10ケタ）

2：会社名を記載する。
3：税務署の登録日付
4：経営者の名前
5：会社業種
6：会計を依頼している会社名等
7：事務所の現住所
8：主要な事業所の住所
9：原材料・商製品の保管場所
10：会計システムを使用しているか否か
11：法定監査が必要か否か
12：会社形態

13：優遇税制を受けている場合の情報
14：適用法人税率
15：申告期限

16：繰越欠損金

207

第3章　カンボジアの会計税務

様式3-10　株主一覧および従業員一覧の記載

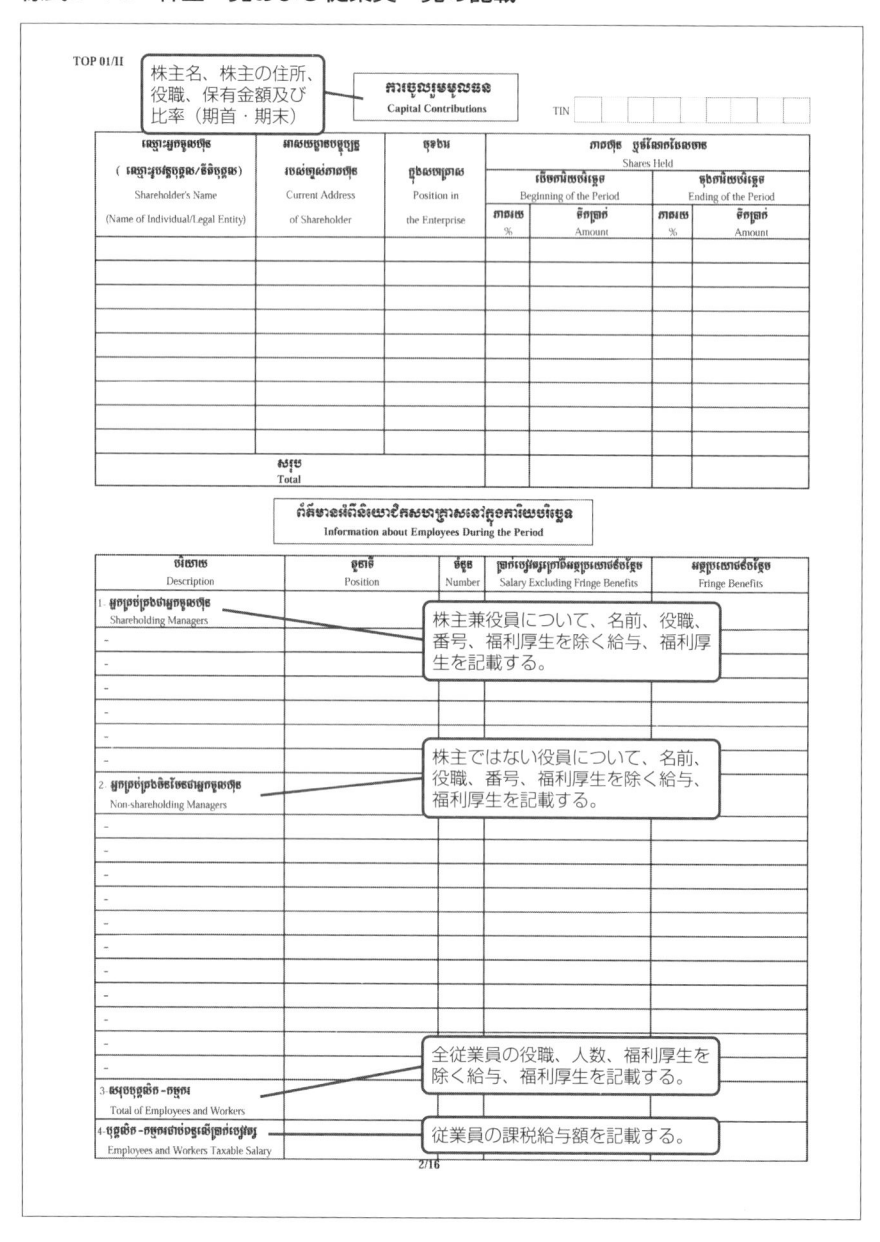

株主名、株主の住所、役職、保有金額及び比率（期首・期末）

Shareholder's Name (Name of Individual/Legal Entity)	Current Address of Shareholder	Position in the Enterprise	Shares Held				
			Beginning of the Period		Ending of the Period	
			%	Amount	%	Amount

Total

Information about Employees During the Period

Description	Position	Number	Salary Excluding Fringe Benefits	Fringe Benefits
1. Shareholding Managers				
2. Non-shareholding Managers				
3. Total of Employees and Workers				
4. Employees and Workers Taxable Salary				

- 株主兼役員について、名前、役職、番号、福利厚生を除く給与、福利厚生を記載する。
- 株主ではない役員について、名前、役職、番号、福利厚生を除く給与、福利厚生を記載する。
- 全従業員の役職、人数、福利厚生を除く給与、福利厚生を記載する。
- 従業員の課税給与額を記載する。

第8節　年次申告について

様式3-11　貸借対照表（資産の部）

TOP 01/III

貸借対照表を記載する。
（クメール語で記載）

តារាងតុល្យការ
Balance Sheet

TIN

បរិយាយ Description	យោង Ref.	ការិយបរិច្ឆេទនេះ (N) Current Year (N)	ការិយបរិច្ឆេទមុន (N-1) Last Year (N-1)
I- ទ្រព្យសកម្ម (A0=A1+ A13) Assets (A0=A1+ A13)	A 0		
ទ្រព្យសកម្មរយៈពេលវែង (A1=សរុប(A2:A12)) Non-current Assets / Fixed Assets (A1=Sum(A2:A12))	A 1		
ប៊ីមិនទាន់សាងសង់ Freehold land	A 2		
ការអេបធ្វើនិងរៀបចំបុរើមបទាន់សាងសង់ Improvement and preparation of land	A 3		
សំណង់នានារបស់សហគ្រាស Freehold buildings	A 4		
សំណង់នានាលើបីឡើងធ្វើជួលប្រាក់មកវិញ Freehold buildings on leasehold land	A 5		
ទ្រព្យសកម្មរយៈពេលវែងកំពុងធ្វើនៅកាន់ Non-current assets in progress	A 6		
រោងចក្រ (គ្រឿងចក្រ) និងឧបករណ៍ Plant and equipment	A 7		
កេរ្តិ៍ឈ្មោះ/មូលធីមានេនិច្ច័ទ្ធ Goodwill	A 8		
ចំណាយបង្កើតសហគ្រាសដំបូង Preliminary and formation expenses	A 9		
ទ្រព្យសកម្មព្រោះជួលទិញ និងបុព្វលាភនៃការជួលប្រាក់ Leasehold assets and lease premiums	A 10		
វិនិយោគក្នុងសហគ្រាសដទៃ Investment in other enterprises	A 11		
ទ្រព្យសកម្មរយៈពេលវែងដទៃៗ Other non-current assets	A 12		
ទ្រព្យសកម្មរយៈពេលខ្លី [A13=សរុប(A14:A26)] Current Assets [A13=Sum(A14:A26)]	A 13		
ស្តុកវត្ថុធាតុដើម និងសំភារៈផ្គត់ផ្គង់ Stocks of raw materials and supplies	A 14		
ស្តុកទំនិញ Stocks of goods	A 15		
ស្តុកផលិតផលសម្រេច Stocks of finished products	A 16		
ផលិតផលកំពុងផលិត Products in progress	A 17		
ទំនាក់ទំនងខូនទូល / អតិថិជន Accounts receivable / trade debtors	A 18		
ទំនាក់ទំនងខូនទូលទៀតៗ Other accounts receivable	A 19		
ចំណាយបង់មុន Prepaid expenses	A 20		
សាច់ប្រាក់នៅក្នុងបេឡា និងនៅធនាគារ Cash on hand and in banks	A 21		
ឥណទានប្រាក់បោះបង់មុនលើប្រាក់ចំណេញ Prepayment of profit tax credit	A 22		
ឥណទានអាករលើតម្លៃបន្ថែម Value added tax credit	A 23		
ឥណទានពន្ធ-អាករដទៃទៀត Other taxes credit	A 24		
ទ្រព្យសកម្មរយៈពេលខ្លីដទៃៗ Other current assets	A 25		
សំឡេងចំពោះការប្រែប្រួលនៃទ្រព្យសកម្ម Gain / (loss) on currency translation of assets	A 26		

3/16

第3章　会計税務

209

様式3-12　貸借対照表（負債および純資産の部）

TOP 01/III

TIN ☐☐☐☐☐☐☐☐☐

II. មូលធន/ទុនមូលធនផ្ទាល់ខ្លួន និងបំណុល [A27=សរុប(A28+A36+A41)] Equity and Liabilities [A27=sum(A28+A36+A41)]	A 27	
មូលធន/ទុនមូលធនផ្ទាល់ខ្លួន [A28=សរុប(A29:A35)] Equity [A28=sum(A29:A35)]	A 28	
ទុនបង់/មូលធនភាគហ៊ុន Capital / Share capital	A 29	
ថ្លៃលើសនៃការលក់ភាគហ៊ុន Share premium	A 30	
ទុនបម្រុងតាមច្បាប់ Legal reserve capital	A 31	
ចំណេញលើការវាយតម្លៃឡើងវិញទ្រព្យសកម្ម Gain on revaluation of assets	A 32	
ទុនបម្រុងផ្សេងៗ Other reserve capital	A 33	
លទ្ធផលនៃឆ្នាំ/(ខាត) យកមកបូក (+ ឬ -) Profit / (loss) brought forward (+ or -)	A 34	
លទ្ធផលនៃឆ្នាំ/(ខាត) នៃការិយបរិច្ឆេទ៖ (+ ឬ -) Profit / (loss) for the period (+ or -)	A 35	
បំណុលរយៈពេលវែង [A36=សរុប(A37:A40)] Non-current Liabilities [A36=sum(A37:A40)]	A 36	
បំណុលភាគីពាក់ព័ន្ធនឹង Loan from related parties	A 37	
បំណុលធនាគារ និងបំណុលភាគីទីបីពាក់ព័ន្ធនឹងផ្សេងៗ Loan from banks and other external parties	A 38	
សំវិធានធនសម្រាប់បន្ទុក និង ហានិភ័យ Provision for charges and contingencies	A 39	
បំណុលរយៈពេលវែងផ្សេងៗ Other non-current liabilities	A 40	
បំណុលរយៈពេលខ្លី [A41=សរុប(A42:A50)] Current Liabilities [A41=sum(A42:A50)]	A 41	
សាច់ប្រាក់បុរេបទានធនាគារលើសប្រាក់បញ្ញើ (ឥណពន្ធសាច់ប្រាក់) Bank overdraft	A 42	
បំណែកមនុស្សខ្ចីទៃយឬបុរេបទានការប្រាក់ Short-term borrowing-current portion of interest bearing borrowing	A 43	
គណនីត្រូវសងឯកត្តជនពាក់ព័ន្ធនឹង (ភាគីឥតគិតថ្លៃ) Accounts payable to related parties	A 44	
គណនីត្រូវសងផ្សេងៗ Other accounts payable	A 45	
ចំណូលទាន់ទទួល ចរន្តនៃបំណាចបង្គរ និងបំណុលរយៈពេលខ្លីផ្សេងៗ Unearned revenues, accrual expenses and other current liabilities	A 46	
សំវិធានធនសម្រាប់បន្ទុក និង ហានិភ័យ Provision for charges and contingencies	A 47	
ពន្ធលើប្រាក់ចំណេញត្រូវសង Profit tax payable	A 48	
ពន្ធ-អាករផ្សេងៗត្រូវសង Other taxes payable	A 49	
ចំណេញ/(ខាត) ពីការបម្លែងរូបិយប័ណ្ណនៃបំណុលទាំងឡាយ Gain / (loss) on currency translation of liabilities	A 50	

第8節　年次申告について

様式3-13　損益計算書

TOP 01/IV

損益計算書を記載する。
（クメール語で記載）

របាយការណ៍លទ្ធផល
Income Statement   TIN

មេយាយ / Description	យោង Ref.	ការិយបរិច្ឆេទនេះ (N) Current Year (N)	ការិយបរិច្ឆេទមុន (N-1) Last Year (N-1)
ចំណូលប្រតិបត្តិការ [B0=សរុប(B1:B3)] Operating revenues [B0=Sum(B1:B3)]	B 0		
ការលក់ផលិតផល Sales of products	B 1		
ការលក់ទំនិញ Sales of goods	B 2		
ការផ្គត់ផ្គង់សេវា Supplies of services	B 3		
ថ្លៃដើមផលិតផលបានលក់របស់សហគ្រាសផលិតកម្ម (TOP 01/V, C20) Cost of products sold of production enterprises (TOP 01/V, C20)	B 4		
ថ្លៃដើមទំនិញបានលក់របស់សហគ្រាសក្រៅពីផលិតកម្ម (TOP 01/ VI, D9) Cost of goods sold of non- production enterprises (TOP 01/ VI, D9)	B 5		
ថ្លៃដើមសេវាបានផ្គត់ផ្គង់ Cost of services supplied	B 5.1		
ចំណេញដុល (B6=B0-B4-B5-B5a) Gross Profit (B6=B0-B4-B5-B5a)	B 6		
ចំណូលផ្សេងៗ [B7=សរុប(B8:B18)] Other Revenues [B7=Sum(B8:B18)]	B 7		
អនុគ្រោះ Grants / subsidies	B 8		
ចំណូលភាគលាភបានមកទទួល ឬត្រូវទទួល Dividends received or receivable	B 9		
ចំណូលការប្រាក់បានមកទទួល ឬត្រូវទទួល Interests received or receivable	B 10		
ចំណូលរ៉ូយ៉ាល់ធីបានមកទទួល ឬត្រូវទទួល Royalties received or receivable	B 11		
ចំណូលការជួលបានមកទទួល ឬត្រូវទទួល Rental fees received or receivable	B 12		
ចំណេញ/ចំណូលលើការលក់ត្រូវរួមសក្មេះរេទររៃ Gain/surplus on disposal of fixed assets (captital gain)	B 13		
ចំណេញលើការលក់ចុះបច្ច័យ/សញ្ញាបណ្ណ Gain on disposal of securities	B 14		
ចំណែកចំណេញពីប្រតិបត្តិការរួម Share of profit from joint venture	B 15		
ចំណេញលើការបូរប្រាក់សំរេចបាច Gain on realised currency translation	B 16		
ចំណេញលើការបូរប្រាក់មិនទាន់សំរេចបាច Gain on unrealised currency translation	B 17		
ចំណូលដទៃទៀត Other revenues	B 18		
ចំណាយប្រតិបត្តិការ [B19=សរុប(B20:B38)] Operating Expenses [B19=Sum(B19:B38)]	B 19		
ចំណាយបេឈ្នួល Salaries expenses	B 20		
ចំណាយប្រេង ឧស្ម័ន អគ្គិសនី និងទឹក Fuel, gas, electricity and water expenses	B 21		
ចំណាយធ្វើដំណើរ និងចំណាយស្នាក់នៅ Travelling and accommodation expenses	B 22		
ចំណាយចំពោះជញ្ជូន Transportation expenses	B 23		
ចំណាយលើការជួល Rental expenses	B 24		
ចំណាយលើការថែទាំ និងជួសជុល Repair and maintenance expenses	B 25		
ចំណាយលើការកំសាន្តសប្បាយ Entertainment expenses	B 26		
ចំណាយកំរ៉ែបិទសារ ផ្សាយពាណិជ្ជកម្ម និងចំណាយការលក់ Commission, advertising, and selling expenses	B 27		

* កំណត់សំគាល់៖ ប្រអប់ B5.1 គឺជាថ្លៃដើមនៃការផ្គត់ផ្គង់ដែលត្រូវយកចេញពីរបាយការណ៍សេចក្ដីសង្ខេបនៃគណនេយ្យរបស់សហគ្រាស។

* Note: Box B5.1 is the cost of services supplied that shall be taken from the summary figure of enterprise's accounting records.

5/16

第3章　会計税務

211

第3章　カンボジアの会計税務

様式3-14　損益計算書続き

TOP 01/IV

TIN ☐☐☐☐☐☐☐☐☐

ម៉ាស់បង់ពន្ធ និងអាករផ្សេងៗ Other taxes expense	B 28	
ម៉ាស់លើអំណោយ Donation expense	B 29	
ម៉ាស់សេវាគ្រប់គ្រង ពិគ្រោះយោបល់ បច្ចេកទេស និងសេវាប្រហាក់ប្រហែល Management, consulting, technical, and other similar services expense	B 30	
ម៉ាស់លើសួយសាវ Royalty expense	B 31	
ម៉ាស់លើបំណុលទាមមិនបាន Written-off bad debts expense	B 32	
ម៉ាស់រំលោះ Amortisation, depletion, and/or depreciation expense	B 33	
ការកើនឡើង/ថយចុះសំវិធានធន Increase / decrease in provisions	B 34	
ខាតពីការលក់ទ្រព្យសកម្មរឹង:អចលនិ Loss on disposal of fixed assets	B 35	
ខាតពីការប្តូរប្រាក់សម្រេចបាន Loss on realised currency translation	B 36	
ខាតពីការប្តូរប្រាក់មិនទាន់សម្រេចបាន Loss on unrealised currency translation	B 37	
ម៉ាស់ផ្សេងៗ Other expenses	B 38	
ប្រាក់ចំណេញ/ខាតពីប្រតិបត្តិការ (B39=B6+B7-B19) Profit/Loss from Operations (B39=B6+B7-B19)	B 39	
ម៉ាស់ការប្រាក់បង់អោយសិវានេធន Interest expense paid to residents	B 40	
ម៉ាស់ការប្រាក់បង់អោយអសិវានេធន Interest expense paid to non-residents	B 41	
ប្រាក់ចំណេញមុនបង់ពន្ធ [B42=(B39-B40-B41)] Profit Before Tax [B42=(B39-B40-B41)]	B 42	
ពន្ធលើប្រាក់ចំណេញ Profit Tax	B 43	
ប្រាក់ចំណេញក្រោយបង់ពន្ធ (B44=B42-B43) Net Profit After Tax (B44=B42-B43)	B 44	

第 8 節　年次申告について

様式3-15　製造原価明細書（製造会社）

TOP 01/V

ថ្លៃដើមផលិតផលបានលក់
Costs of Products Sold
(សហគ្រាសផលិតកម្ម)
(Production Enterprise)

> 製造原価及び売上原価報告書を記載する。
> （クメール語で記載）

TIN ☐☐☐☐☐☐☐☐☐

បរិយាយ Description	លេខ Ref.	ការិយបរិច្ឆេទនេះ (N) Current Year (N)	ការិយបរិច្ឆេទមុន (N-1) Last Year (N-1)
សូកសន្ទានុចរើម និងសម្ភារៈផ្គត់ផ្គង់ដើមគ្រា Stock of raw materials and supplies at the beginning of the period	C 1		
ទំនាយបវិញ្ញុកទានុចរើម និងសម្ភារៈផ្គត់ផ្គង់ក្នុងគ្រា Purchases of raw materials and supplies during the period	C 2		
ទំនាយផ្សេងៗទាក់ទងនឹងការវិញ្ញុកទានុចរើម ឬសម្ភារៈផ្គត់ផ្គង់ [1] Other expenses related to purchases of raw materials or supplies [1]	C 3		
សរុបទានុចរើម និងសម្ភារៈផ្គត់ផ្គង់ដែលមានសម្រាប់ផលិត [C4 = សរុប (C1:C3)] Total raw materials and supplies available for production [C4 = Sum (C1:C3)]	C 4		
បក: សូកទានុចរើម និងសម្ភារៈផ្គត់ផ្គង់ចុងគ្រា Less: Stock of raw materials and supplies at the end of the period	C 5	(....................)	(....................)
ទំនាយថ្លៃដើមទានុចរើម និងសម្ភារៈផ្គត់ផ្គង់ដែលបានប្រើប្រាស់ [C6 = (C4 -C5)] Expenses on raw materials and supplies used [C6 = (C4 -C5)]	C 6		
ចំណាយផ្សេងៗក្នុងផលិតកម្ម [C7 = សរុប (C8 :C14)] Other Production Costs [C7 =Sum(C8 :C14)]	C 7		
ប្រាក់បៀវត្សរ៍អ្នកគ្រប់គ្រង និងចំណូលសម្រាប់ការផលិត Salaries for managers and workers in the production	C 8		
រំលស់ទ្រព្យសកម្មអរូបីយៈដូចជាអនីទិជនកម្មសិទ្ធិបញ្ញា សិទ្ធិអនុញ្ញាត... Armortization of intangible assets such as goodwill, license...	C 9		
ប្រេងឥន្ធនៈ ទឹក និងថាមពល Fuel, water and power	C 10		
ការវេចខ្ចប់ Packaging	C 11		
រំលស់រោងចក្រ គ្រឿងបរិក្ខារ និងចំរើមផ្សេងៗក្នុងផលិតកម្ម Depreciation of plants and equipment	C 12		
សេវាកៅម៉ាឆាត និងសេវាផលិតដោយសហគ្រាសដទៃ Sub-contract and production services costs by other enterprises	C 13		
ចំណាយផ្សេងៗក្នុងផលិតកម្ម Other manufacturing costs	C 14		
ការងារកំពុងសំណើរការ ឬស្តុកកំពុងផលិតនៅដើមគ្រា Work in progress or stock in progress at the beginning of the period	C 15		
បក: ការងារកំពុងសំណើរការ ឬស្តុកកំពុងផលិតនៅចុងគ្រា Less: Work in progress or stock in progress at the end of the period	C 16	(....................)	(....................)
សរុបចំនាយថ្លៃដើមផលិតកម្ម (C17 = C6+C7+C15 -C16) Total Production Costs (C17 = C6+C7+C15 -C16)	C 17		
សូកផលិតផលសម្រេចនៅដើមគ្រា Stock of finished products at beginning of the period	C 18		
បក: សូកផលិតផលសម្រេចនៅចុងគ្រា Less: Stock of fisnished products at the end of the period	C 19	(....................)	(....................)
ថ្លៃដើមផលិតផលសម្រេចដែលបានលក់ (C20 = C17+C18-C19) Cost of Final Products Sold (C20 = C17+C18-C19)	C 20		

(9) : ចំណាយផ្សេងៗទាក់ទងនឹងការវិញ្ញុកទានុចរើម ឬសម្ភារៈផ្គត់ផ្គង់មានជាអាទិ៍ : ដឹកជញ្ជូន ពន្ធអាករពេលនាំចូល លើកដាក់ រត់ការ...

(1)- Other expenses related to purchases of raw materials or supplies such as: transporation, import duties and taxes, lift-on and lift-off, and clearance services...

7/16

第3章　カンボジアの会計税務

様式3-16　売上原価明細書（非製造会社）

TOP 01/VI

ថ្លៃដើមទំនិញបានលក់
Costs of Goods Sold
(សហគ្រាសមិនមែនផលិតកម្ម)
(Non-Production Enterprise)

売上原価明細書を記載する。
（クメール語で記載）

TIN

មាតិកា Description	យោង Ref.	ការិយបរិច្ឆេទនេះ (N) Current Year (N)	ការិយបរិច្ឆេទមុន (N-1) Last Year (N-1)
ស្តុកទំនិញដើមគ្រា Stock of goods at the beginning of the period	D 1		
ទំនាយទំនិញក្នុងគ្រា Purchases of goods during the period	D 2		
ចំណាយផ្សេងៗពាក់ព័ន្ធដល់ការទិញទំនិញ [D3 =សរុប (D4 :D6)] Other Expenses Related to Purchases of Goods [D3 =Sum(D4 :D6)]	D 3		
ចំណាយចំពោះការដឹកជញ្ជូន Transportation-in expense	D 4		
ចំណាយបង់ពន្ធគយនាំចូល និងពន្ធដទៃទៀតចែងជាចំណាយរបស់សហគ្រាស Imported duty and other taxes as enterprise's expenses	D 5		
ចំណាយដទៃទៀតក្រៅពី D4 និង D5 Other expenses excluding D4 and D5	D 6		
សរុបចំណាយថ្លៃដើមទំនិញ [D7 =(D1+D2+D3)] Total Costs of Goods [D7 =(D1+D2+D3)]	D 7		
ដក : ស្តុកទំនិញនៅចុងគ្រា Less : Stock of goods at the end of the period	D 8	(............................)	(............................)
ថ្លៃដើមទំនិញដែលបានលក់ (D9 =(D7-D8) Costs of Goods Sold (D9 =D7-D8)	D 9		

第8節　年次申告について

様式3-17　課税所得計算（別表四と同様）

TOP 01/VII		
តារាងគណនាពន្ធលើប្រាក់ចំណេញ Tax on Profit Calculation Table		TIN

មរយៈ Description	លេខ Ref.	នឹកប្រាក់ Amount
ប្រាក់ចំណេញមុនបង់ពន្ធ / លទ្ធផលសុទ្ធគណនេយ្យ ចំណេញ (ខាត) (E1=B42) Profit before tax / accounting net profit / (loss) (E1=B42)	E 1	(+/-)
បូក : ចំណាយមិនអាចកាត់កងបាន Add : Non-deductible Expenses		
ចំណាយរំលស់គណនេយ្យ (TOP 01/IV-B33 + TOP 01/V-C9, C12) Accounting depreciation (TOP 01/IV-33 + TOP 01/V-C9, C12)	E 2	
ចំណាយលើការកំសាន្តសប្បាយ, ការទទួលទាន និងការទទួលភ្ញៀវ Amusement, recreation and entertainment expenses	E 3	
ការកើនឡើងសំវិធានធន (E4=TOP 01/IV-B34) Increase in provisions (E4=TOP 01/IV-B34)	E 4	
អំណោយ និងបច្ចុប្បន្នប្រទានផ្សេងៗ Donations, grants and subsidies	E 5	
ខាតពីការលក់ទ្រព្យសកម្មអចិន្ត្រៃយ៍ (តាមតម្លៃគណនេយ្យ E6=TOP 01-B35) Loss on disposal of fixed assets (as per accounting books TOP 01-B35)	E 6	
ចំណាយខាតពុះពារស្មុគស្មាញហួសកំរិតធ្វើអោយខ្ទះខ្ទាយ Extravagant expenses	E 7	
ចំណាយមិនមែនទើកទងនឹងការធ្វើអាជីវកម្ម Non-business related expenses	E 8	
ខាតពីធុរកិច្ចលើធ្វើជាមួយបុគ្គលពាក់ព័ន្ធទំនាក់ទំនង Loss on transactions with related parties	E 9	
ចំណាយលើការពិន័យ និងការទទួលទោសផ្សេងៗ Fines and other penalties	E 10	
ចំណាយទើកទងការអាណត្តិមុន Expenses related to previous period	E 11	
ចំណាយពន្ធ និងការពិន័យប្រពន្ធផ្សេងៗទៀតដែលមិនអាចកាត់កងបាន Other non-deductible taxes expense	E 12	
លាភការសំណងម្ចាស់ និងគ្រួសារ Remuneration of owners and family	E 13	
ផលប្រយោជន៍ជារបស់របរនៃម្ចាស់ និងគ្រួសារ Benefit in kind of owner and family	E 14	
ចំណាយបៀវត្សការងារដែលត្រូវបង់មិនបានបង់ក្នុងរយៈពេល ៦០ថ្ងៃឆ្នាំបន្ទាប់ Salary unpaid within 60 days of next tax year	E 15	
ចំណាយផ្សេងៗទៀតដែលមិនអាចកាត់កងបាន Other non-deductible expenses	E 16	
សរុប [E17=សរុប(E2:E16)] Total [E17=Sum(E2:E16)]	E 17	
បូក : ចំណូលជាប់ពន្ធតែមិនត្រូវបានកត់ត្រាក្នុងបញ្ជីគណនេយ្យ Add : Taxable Income but not Recorded in the Accounting Book		
ការផ្គត់ផ្គង់ទំនិញ និងសេវាដោយឥតគិតថ្លៃ Supplies of goods and services free of charge	E 18	
ការអនុញ្ញាតឲ្យប្រើប្រាស់ទ្រព្យសកម្មអចិន្ត្រៃយ៍ដោយឥតគិតថ្លៃ Granting fixed assets for uses free of charge	E 19	
ការកែលម្អទ្រព្យសកម្មអចិន្ត្រៃយ៍ដោយអ្នកជួលឥតយកកំរៃ Improvement of fixed assets made by lessee without charge to lessor	E 20	
អំណោយ និងបច្ចុប្បន្នប្រទានផ្សេងៗដែលមិនបានកត់ត្រាក្នុងគណនេយ្យ Donations, grants and subsidies not recorded in the accounting book	E 21	
ចំណេញ / ខាតពីការលក់ទ្រព្យសកម្មអចិន្ត្រៃយ៍តាមច្បាប់សារពើពន្ធ (TOP 01/XI) Gain on disposal of fixed assets as per LOT (TOP 01/XI)	E 22	
ចំណូលផ្សេងៗទៀតដែលមិនបានកត់ត្រាក្នុងបញ្ជីគណនេយ្យ Other incomes not recorded in the accounting book	E 23	
សរុប [E24=សរុប(E18:E23)] Total [E24=Sum(E18:E23)]	E 24	
ដក : ចំណាយមិនកត់ត្រាក្នុងបញ្ជីគណនេយ្យតែត្រូវបានកាត់កងបានក្នុងឆ្នាំ Less : Expenses not Recorded, but Deductible in the Period		
រំលស់អនុញ្ញាតទាបបង់ពន្ធសារពើពន្ធ (TOP 01/IX) Deductible amortisation, depletion and depreciation as per LOT (TOP 01/IX)	E 25	
រំលស់វិសេសអនុញ្ញាតទាបបង់ពន្ធសារពើពន្ធ (TOP 01/X) Special depreciation as per LOT (TOP 01/X)	E 26	

課税所得及び税額計算を行う。（日本の別表四及び別表一と同様のもの）
税引前利益に加減算を行なう。

① 損金不算入項目を加算する。
会計上の減価償却費、娯楽及び接待交際費、引当金の増加、寄付・補助金等、会計上の除却損、無駄な経費、業務に関連しない経費、罰金・科料及びペナルティ、過去の期間の経費、オーナー及び家族への報酬、次年度の60日以内に支払われていない給与、その他の損金不算入項目、損金不算入税金、無料での販売及びサービス給付、無料での固定資産の使用、無料で使用している資産の改修費用、会計上記帳していない寄付や補助金の受取、税法上の固定資産除却益の加算、その他の会計上記帳されていない益金、
② 減算項目
税務上の償却費等、特別償却、税務上の固定資産売却損、その他の減算項目居住者からの受取配当金、会計上の固定資産売却益、その他会計上計上した益金でない収益
③ 損金不算入加減算項目
寄付金のうち損金不算入部分、支払利息のうち損金不算入部分
④ 繰越欠損金控除
過年度の繰越欠損金がある場合には、当期の課税所得から控除することが可能

第3章　カンボジアの会計税務

様式3-18　課税所得計算続き

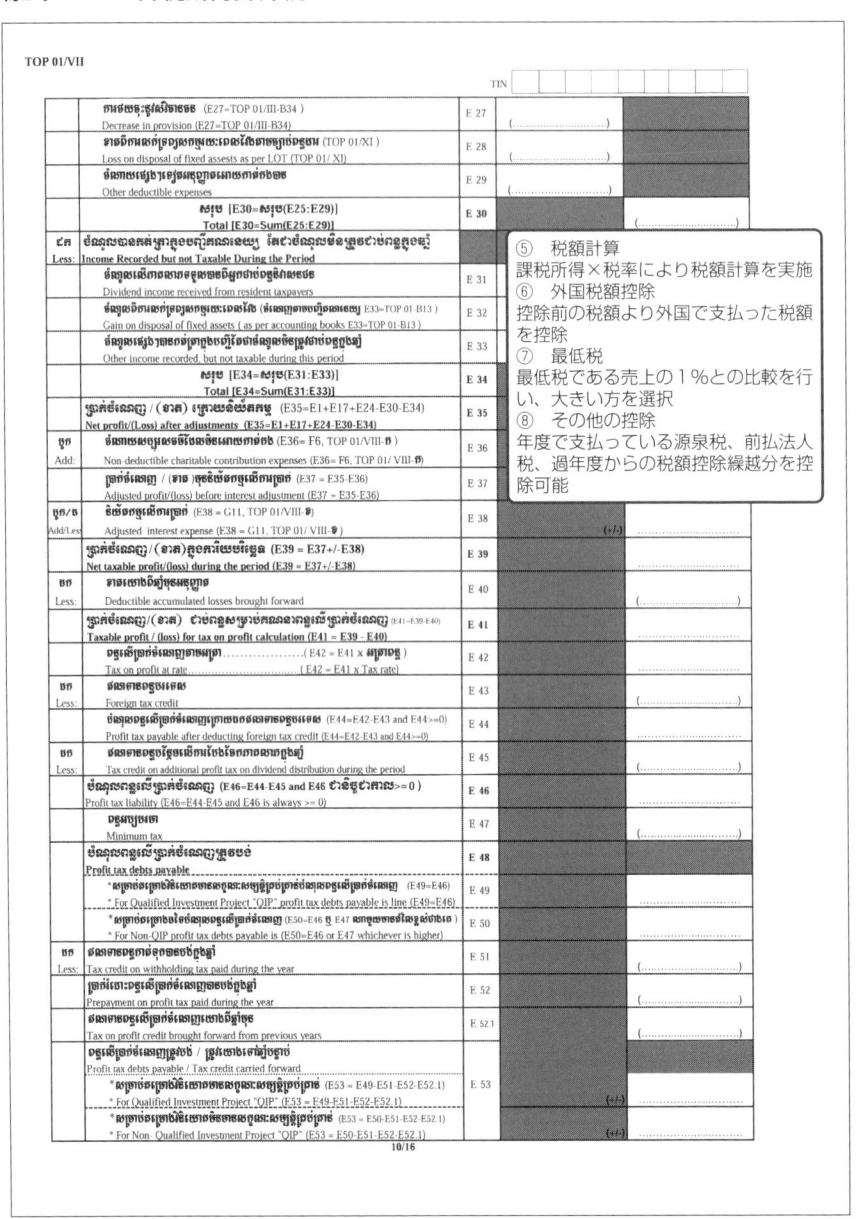

⑤　税額計算
課税所得×税率により税額計算を実施
⑥　外国税額控除
控除前の税額より外国で支払った税額を控除
⑦　最低税
最低税である売上の1％との比較を行い、大きい方を選択
⑧　その他の控除
年度で支払っている源泉税、前払法人税、過年度からの税額控除繰越分を控除可能

第8節　年次申告について

様式3-19　寄付金および利息の損金算入限度額算定

① 寄付金等の損金算入限度額計算
寄付金及び利息の調整前課税所得の5％と寄付金との少ない方が損金算入可能となるため、寄付金の額のうち調整前課税所得の5％が上限となっています。残額については、損金不算入項目として加算処理が必要

② 支払利息の損金算入限度額計算
利息調整前課税所得に当期の支払利息を加算、受取利息を減算することで調整計算後営業利益を算定、調整計算後営業利益の50％と受取利息の合計額が控除可能限度額
過去からの未控除分支払利息及び当期の支払利息の合計額と、控除可能限度額を比較し、小さい方が損金算入限度額となります

217

第3章　カンボジアの会計税務

様式3-20　繰越欠損金の繰越

第8節　年次申告について

様式3-21　減価償却資産明細および償却計算

税務上の減価償却明細表

第3章 カンボジアの会計税務

様式3-22 特別償却計算

第8節　年次申告について

様式3-23　減価償却資産明細合計

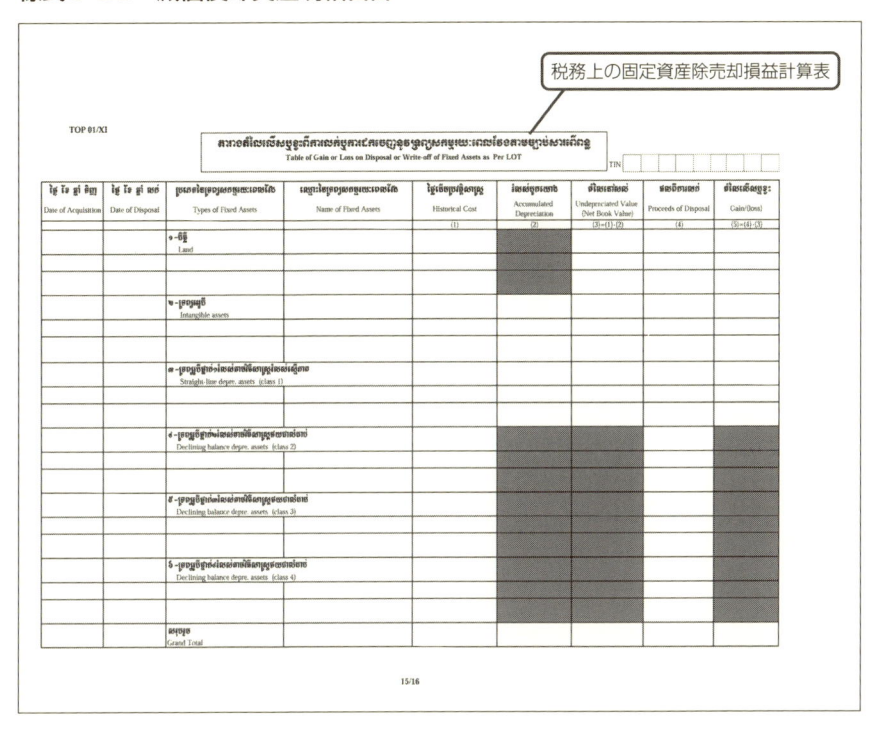

税務上の固定資産除売却損益計算表

取得年月日 Date of Acquisition	処分年月日 Date of Disposal	固定資産の種類 Types of Fixed Assets	固定資産の名称 Name of Fixed Assets	取得価額 Historical Cost (1)	減価償却累計額 Accumulated Depreciation (2)	帳簿価額 Undepreciated Value (Net Book Value) (3)=(1)-(2)	処分価額 Proceeds of Disposal (4)	売却損益 Gain/(loss) (5)=(4)-(3)
		1-土地 Land						
		2-無形資産 Intangible assets						
		3-定額法資産（クラス1） Straight-line depre. assets (class 1)						
		4-定率法資産（クラス2） Declining balance depre. assets (class 2)						
		5-定率法資産（クラス3） Declining balance depre. assets (class 3)						
		6-定率法資産（クラス4） Declining balance depre. assets (class 4)						
		合計 Grand Total						

15/16

第3章　会計税務

221

様式3-24　在庫増減明細

補　章

カンボジアへの進出事例

補章　カンボジアへの進出事例

事例①　Minebea Co., Ltd.

図表　事例1-1　Minebea Co., Ltd.企業概要（2013年3月末現在）

設立：	1951年「日本ミネチュアベアリング株式会社」設立
資本金：	68,258百万円
売上高：	282,409百万円（連結）
従業員数：	53,337人（連結）
主要製品：	ボールベアリング（世界シェア約60％） 航空機用ロッドエンド（世界シェア約50％） HDD用ピポットアッセンブリー（世界シェア約70％） DCファンモーター（世界シェア8％） PM型ステッピングモーター（世界シェア約20％） 液晶用小型バックライトユニット（世界シェア約20％）
製造拠点：	13カ国・36拠点 （日本，米国，シンガポール，タイ，中国，マレーシア，英国，ドイツ，スロバキア，チェコ，カンボジア，韓国，フィリピン） （2013年9月末現在）
製品用途例：	自動車，ヘリコプター，航空機，船舶，ロケット，ゲーム，HDD，テレビ，エアコン，歯科医療機器，カメラ，PC，携帯電話，CTスキャン，OA機器

　ミネベアは長野県に本社をおき，現在13ヵ国に36の製造拠点を展開するグローバル企業としてシンガポール，中国，タイおよびマレーシアなどに製造工場をもち，世界各国の拠点で販売を行っています。

　世界の工場といわれている中国やタイなどでの為替リスク，人手不足，賃金の上昇などが課題となっている昨今，労働集約型製品の新たな生産拠点としてミネベアはカンボジアに進出しました。ではなぜミネベアはカンボジアを新たな生産拠点として選んだのか，その理由を以下にみていきたいと思い

事例 1　Minebea Co., Ltd.

ます。

　まず，タイの既存工場群と地理的に近いことが大きな利点としてあげられます。タイからカンボジアまでは南北経済回廊と呼ばれる2国間を結ぶ基幹道路で繋がっており，カンボジアの首都プノンペンからタイの工場までは陸運で約12時間程度の行程です。この地理的補完性・優位性を利用し，タイで生産した部品をカンボジアに輸出，その後カンボジアで加工することによってコスト面や時間面の削減が可能となります。このように水平分業が可能になることも大きな利点です。

　次に，安価な労働力も魅力の1つです。現在カンボジアの最低賃金は月額80USドルで，隣国タイと比べると安価な労働力を確保することが可能です。また，カンボジアの勤勉かつ親日的国民性も相まって，高い作業レベルの習得が早く日本人駐在員とのコミュニケーションも円滑に図ることができます。これによって優秀で安価な労働力を確保することができるのです。

　また，生産拠点集中におけるリスク分散という点からも，これまでの生産拠点以外にカンボジアに工場新設した理由があります。近年，タイの大洪水や中国での暴動などが原因で生産活動が一時的に停止するという問題が頻発しています。このように生産を一国集中型にすると，その国で情勢不安や災害などが起きた場合に生産活動に大きな影響を及ぼすため，生産拠点を複数確保することによってリスク分散を図る必要があるのです。

　そして，プノンペン経済特区（PPSEZ）の良質な公共サービスや政府の強力なサポートも大きな理由の1つとしてあげられます。現在カンボジアにはPPSEZを含めると21の工業団地があり，いまだ外資企業は少なくそのほとんどがカンボジア資本です。しかし，今後多く

補章　カンボジアへの進出事例

の外資企業誘致のために政府レベルでのインフラ整備が急ピッチで進められています。

　PPSEZは数多くある工業団地の中でも総面積360ヘクタール（東京ドーム約77個分）の広大な規模を誇ります。同工業団地には中国，インド，台湾，韓国，フィリピンなどアジアを中心とする多国籍企業が多く入居しています。日系企業では，「ミネベアカンボジア」を始めとして「味の素カンボジア」，「住友電装」，婦人用革靴の「（タイガーウイング）TIGER WING」や「クリーンサークル（CLEAN CIRCLE）」などが同工業団地で生産を開始しており，今後はカンボジアへの更なる日系・外資企業の参入が見込まれています。

　外資企業のカンボジア進出の際，用地確保や各種許認可を取得するために，フンセン首相が会長を務めるCDC（カンボジア開発評議会）や，国土建設省，環境省など複数の省庁に申請し複雑な手続きが必要になります（手続きに関しては本書の投資法を参照）。その中でもPPSEZはCDC（カンボジア開発評議会）と連携しており，進出企業に対するインフラ提供だけでなく，投資申請書の審査，優遇措置の提供，事業を開始した投資案件のモニタリング，事業開始後の投資案件に対するアフターサービス，年2回開催される官民合同フォーラムの場における政策対話などによって，ワンストップでの外資企業誘致・支援を行っています。

　最後に，本書でも記載していますが税制面での優位性もあげられます。投資法や税法・税制においてもQIP（Qualified Investment Project）と呼ばれる海外企業誘致のための優遇政策がとられており，対象企業は，法人税20%全率免除（最大9年間）のほか，輸入関税免除，付加価値税VAT免除（条件によって異なる場合あり）の適用を受けることができ，ミネベアもこれら優遇税制の恩恵を受けています。

　参考として，カンボジアにおけるミネベアの営業許可の取得から現在までの歩みを図表　事例1-2にご紹介します。

事例 1　Minebea Co., Ltd.

図表　事例1-2　Minebea（Cambodia）Co., Ltd.の歩み

2010年12月17日	1：カンボジア政府による正式な営業認可取得
2011年4月2日	プノンペン郊外の経済特区（PPSEZ）の仮工場にて生産開始（従業員約300名体制）
2011年5月24日	PPSEZ内に100,000㎡の工場用地を取得（99年借地権）新工場の建設を開始
2011年12月17日	床面積28,000㎡の新工場竣工。それにより，本格的な工場生産を開始。
2013年秋	従業員約4400名体制

Minebea（Cambodia）Co., Ltdへのインタビュー

①進出に際して一番苦労した点は何かお教えください

　現在でこそ約4,400人の人材を確保していますが，やはり労働力の確保に最も苦労しました。まず，カンボジアにおいてミネベアという企業の認知度が高くなかったため，こちらから積極的な採用活動を行わなければ人材を集めることができませんでした。また，モーター製造という業務内容自体に馴染みが薄く，仕事の具体的イメージを持ってもらうことも容易ではなかったことに加えて，労働者の教育にも苦労を要しました。

②採用活動はどのような方法で行っているかお教えください

　まず既存の人材紹介や派遣会社はほとんど利用しませんでした。立ち上げ前から自らカンボジアの地方や農村に出向き採用活動を行うことで人材確保を行いました。地方に政府のNEA（カンボジア版ハローワーク）の出先と提携して，広告や求人募集を掲載することや現地で職業紹介セミナーを開催しました。場合に応じて地元に広い人脈をもつ方にお願いして村内で広報を行ったりと地道に求人活動を行いました。農村地区の若い人材にプノンペンで働くことの楽しさや魅力を伝えることで多数の人材を確保することができたと考えています。

　その結果，2013年9月現在では4400名程が弊社で働いているものの，現在も毎月採用活動は継続しています。

③従業員教育等はどのように取り組んでいるかお教えください

　現在弊社で働く従業員の95%が女性で，平均年齢は21歳です。もともと電気の通っていない農村で生活していた人びとが最新設備の整った工場で働き，その周辺の寮で新たな生活を始めることになるため，安定した電力が供給される生活スタイルやトイレの使い方にいたるまでの教育をする必要がありました。またカンボジアは識字率が低く読み書きの教育を受けていない人びとが多いため毎朝クメール語や英語などの語学研修も行っています。

　また，労働者を管理するマネージャーにもOJT訓練を実施することで労働者を管理するマネジャークラスの教育にも時間をかけています。実際にそれらのマネジャーをタイや中国にある工場へ研修生として派遣し，すでに軌道にのっている工場の運営方法を学んでもらう機会も提供しています。

④業員の離職率はどの位かお教えください

　離職率は1ヵ月7%程度と日本などと比較すると高い数字となっています。短期で離職する場合，就業開始から1〜3ヵ月で辞めるケースが多い傾向にあります。理由としては，親元が恋しくなり帰省する場合，職場に馴染めなくて離職する場合が大半を占め，プノンペンなどでデモや問題が起こると，子を心配するあまり親が帰省を促すケースもあります。

　離職率を下げるためには，根本的な意識改革を行う必要があると考えているため，就業者が快適に仕事を続けることができるようチームワークの構築には時間をかけています。もともと学校等での集団生活の経験が少ない人びとが多いことから，チームワークの意識を高めるトレーニングも実施しています。

⑤現在の平均賃金はどれくらいかお教えください

　平均賃金は約110ドルほど，夜勤の場合は約150ドルほどです（残業，諸手当含む）。

⑥インフラ整備はどのような状況かお教えください

カンボジアの電気代は近隣諸国の約2倍と高いといわれており，自国での供給率が3～4割と低いため不安要素となりますが，プノンペンSEZ内であれば比較的整備されています。停電も2年半で10回も無いほどで収まっており，工場周辺のインフラに関していえば大きな問題はありません。
　物流に関してはタイや中国などと陸路で輸出入をする際は高速道路がないため時間がかかり税関コストも高い点が問題です。例えばプノンペンからタイの工場までは700キロありますので，通関などで停まることもあり，それらを加味すれば18時間ほどかかります。

⑦許認可の取得はスムーズに行えたかお教えください
　法律は非常にシンプルですのでQIPの申請からその他のライセンス取得，法人税・消費税の免税の取得に関してもスムーズに行うことができたというのが率直な感想です。弊社の進出例をロールモデルとしたいと考えてくれたカンボジア政府のバックアップや協力も大きかったと考えています。

⑧上述の企業概要でカンボジア進出の理由をあげていますが他にもカンボジアを選んだ理由があればお教えください。
　今回弊社がカンボジア進出を計画したその他の理由はいくつかあげられます。まず，カンボジア初のエレクトロニクス産業を構築したいということでした。また，QIP取得に加えて進出に関して政府のバックアップが受けることができるという利点もありました。加えて，カンボジアは昔から日本のODAを受けており親日的な国民性だという点も大きかったと考えます。

⑨これからのカンボジアでの展望をお聞かせください。
　世界に36拠点ある中で現在アジア最大の拠点はタイで，次に中国，そしてカンボジアとなっています。この順番からもわかるようにカンボジアへの比重は多く今後さらに期待しています。弊社にとってカンボジアは最重要拠点の1つにしていこうと考えています。そのためには熟練労働者をより多く輩出していく取り組みが必要であり，組み立て作業だけでなく部品の製造を行う工場の確保も必要になってくると考えています。

補章　カンボジアへの進出事例

事例 ② 浦江亭

　浦江亭は2001年日本（大阪）での焼肉店オープンを皮切りに海外にも展開する飲食事業を行う企業です。開店後は質とリーズナブルさが大衆に受け，日本での店舗数を順調に拡大していきました。その後，アジア1号店としてベトナムで日系焼肉店としては初めて2004年にホーチミンに進出，2010年にはベトナムでの2号店をオープンさせています。また，隣国カンボジアのプノンペンには2012年6月に1号店をオープンし，確実に顧客を獲得していっています。

　グループ全体で2012年時点で従業員数は約300名にのぼっています。主力メニューは焼肉ですが，串カツやハンバーグなどのサイドメニューも充実しており，幅広いメニュー展開を行っています。

　2012年4月にカンボジア・プノンペンにオープンした浦江亭はブンケンコンと呼ばれる地域の中でも富裕層が多く住むエリアに位置しています。同店舗は200平米ほどの敷地面積に2階建ての一軒家を配置し，高級感ある店構えになっています。また店の玄関には駐車スペースが設けられ，ゆとりある外観を演出しています。店内は日本でみられるような焼肉店舗の内装が再現されており，1階には100席ほどの家族や大衆向けの4～6名席，2階はビジネス会食やVIP向けの個室が50席ほど用意されています。多種多様な用途を想定しての店舗設計が伺えるほか，焼肉で使用される鉄板もテーブルの下に吸煙機能のついた最新型を採用しています。そのため，カンボジアにいながらにして日本と変わらない感覚で焼肉が楽しめる作りになっています。

事例 2　浦江亭

　そんな浦江亭が，現地で着実に業績を伸ばしている理由を下記に解説していきたいと思います。

　まず，従業員の接客レベルの高さがあげられます。浦江亭に入ると日本語で「ようこそ浦江亭へ」と，溌剌としたカンボジア人スタッフのあいさつが聞こえてきます。接客時の対応もスタッフ1人ひとりが日本語メニューおよび英語メニューの内容を細かく把握しており，外国人客からの注文も問題なく受け答えしている様が見受けられます。また何より，スタッフ1人ひとりが笑顔を心がけ，気持ちの良い接客を心がけて効率良く業務をこなし，日頃から従業員教育に力を入れていることがみてとれます。

　次に，幅広い品揃も浦江亭の特徴としてあげられます。通常の焼肉のほか，唐揚げやうどんなどのサイドメニューの品揃えも豊富です。ランチでは約30種類のメニューを提供するなど，焼肉に重点をおきながらもサイドメニューの幅を広げることで，「浦江亭にいけば幅広い日本食を堪能できる」というイメージを確立したことも繁盛の一因といえます。

　さらに，オーダーをしてから料理が運ばれてくる時間が日本基準に統一されているというのも特徴です。カンボジアの多くの飲食店では注文してから料理が運ばれてくるまでに時間がかかり，注文ミスなども日常茶飯事です。これはオペレーションがしっかりと確立されていないことや，のんびりとしたカンボジア人の国民性が影響しているのではないでしょうか。この点，浦江亭ではすべてのオペレーションが日本基準に統一されているため，料理や飲み物の出て来るスピードも日本と変わらず迅速に運ばれてきます。店を訪れる日本人や各国出身の利用者に同店舗の感想を訪ねると，オペレーションが安定しており，料理もタイミング良く出されるため，安心して気分良く利用することができるとの意見が多く聞かれました。

　最後にメニュー価格設定です。ランチの平均客単価は日本円で450～800円，

補章　進出事例

231

夜の平均客単価は1,500～2,000円（飲み物代込み）です。浦江亭の価格設定は日本人などの外国人客向けにはお手頃感があり，それでいて地元のカンボジア人にとっては少しで手が伸びる手頃な値段設定といえます。この価格設定は貧富の差が大きく平均値の定めにくい発展途上国では特に注意を払う必要があります。現地の飲食店，外国人向け飲食店，富裕層向け飲食店，それぞれの価格設定を分析した上でターゲット層をしっかりと定め価格設定を行う必要があります。この点で，浦江亭はターゲットを日本を含む諸外国やカンボジアの富裕層に定め的確な価格設定を行っているといえます。

　上記に浦江亭が成功している理由をいくつかあげましたが，カンボジアでの飲食ビジネスを考えている方には特に考慮していただきたい点だといえます。これら接客対応，メニューの豊富さ，オーダータイム，価格面を徹底して管理・分析することで，現地で成功をおさめた浦江亭・代表福田さんに進出から進出後までのエピソードをインタビューいたしました。

図表 事例2-1　浦江亭カンボジアの投資形態

進出形態	100%外資での現地法人設立
OIP取得	飲食業のため取得不可
輸入貿易関税	現地での仕入のみのため該当なし
ライセンス関連	飲食業許可証
法人税率	20%（毎月納付）
売上のミニマム税	売上高×1%（毎月納付）
消費税（VAT）	飲食代×10%（預かり分消費税を毎月納付）
サービス税（酒等）	（飲食代－消費税）×3%
源泉所得税	【給与】 カンボジア居住者：累進課税 カンボジア非居住者：一律20% 【コンサルティング費】 カンボジア法人：0% 国外法人：一律14% 個人：一律15% 【家賃】 一律10%
フレンジベネフィット	車 社宅

事例 2　浦江亭

図表 事例2-2　浦江亭モデル

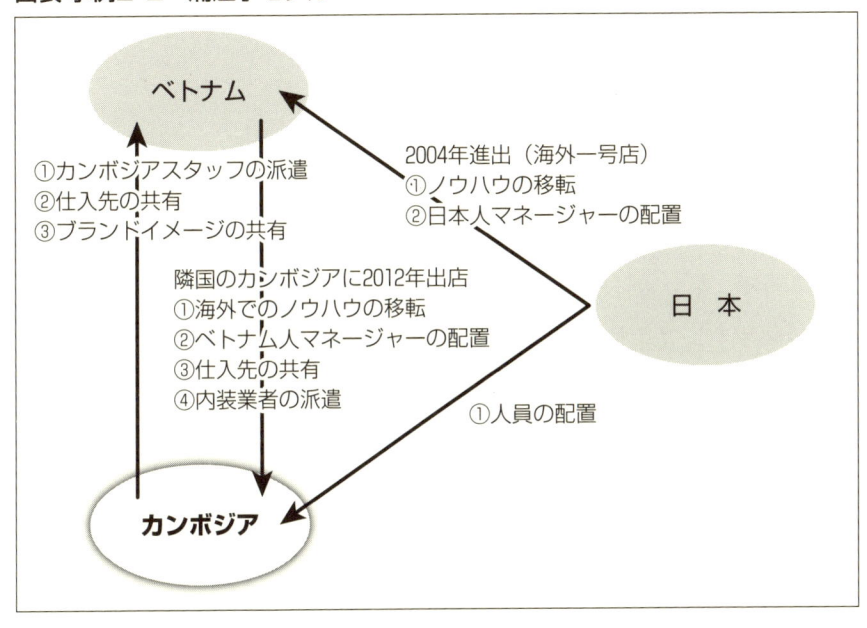

```
         ベトナム ←─────────────── 2004年進出（海外一号店）
          ↑ │                    ①ノウハウの移転
          │ │                    ②日本人マネージャーの配置
  ①カンボジアスタッフの派遣
  ②仕入先の共有                                    日　本
  ③ブランドイメージの共有
          │ │   隣国のカンボジアに2012年出店
          │ │   ①海外でのノウハウの移転
          │ │   ②ベトナム人マネージャーの配置
          │ │   ③仕入先の共有
          │ ↓   ④内装業者の派遣
         カンボジア ←──────────── ①人員の配置
```

インタビュー（代表　福田英司）

①浦江亭がアジアに進出した理由をお聞かせください。

　ベトナムに進出していたこともあり，隣国でさまざまなノウハウを転用できるという自信がありました。また，ベトナムに進出した当初と同じ状況がカンボジアにもありました。ベトナムへ進出した際，日系の焼肉店としては初めてで，競合が少なく現地で受け入れられれば，圧倒的に優位な立場にたてる状況がありました。そのような背景でベトナムで成功していたので，現地の日本人はもちろんカンボジア人にも受け入れられるという自信がありました。

　また，隣国間の地理的優位性という観点からはベトナムの建設業者や仕入先，マネージャー，スタッフにいたるまでカンボジアにも容易に派遣できるというメリットがあり，同じクオリティーをカンボジアでも出せるという利点がありました。そして何より，ベトナムと同じくカンボジアのGDPの伸

補章　カンボジアへの進出事例

び率からみても，まだまだ開けていく市場であるという予測がたったことがあげられます。

②進出にあたり一番困った点は何かお教えください。

　これはベトナムでも一緒ですが，やはり言葉の壁です。マネージャーなどで日本人を連れてくることは簡単でしたが，そういったことは当初一切せず，現地人を教育し，接客やオペレーションを確立することが何よりも大変だったことです。毎日毎日従業員と一緒に行動し，現地の文化を日本文化へ融合させていきました。オペレーションのタイミングや笑顔を絶やさないことなどを毎日みて，指示や反省を繰り返しました。そのような日本でも当たり前にできていたことを，カンボジアでも成功させるんだという熱意と諦めない姿勢が従業員に届き，行動が少しづつ現地のスタッフの考えを変えて行き，一体感が芽生えてきた感じでしたね。言葉というよりも現地のスタッフとの意思疎通がしっかりできるかが鍵になるのではないでしょうか。いずれにせよ従業員教育が一番大事ですね。

　また日本人のお客さんも多いので，メニューも日本語とカンボジア語のものを作成しています。そのため「いらっしゃいませ」「ありがとうございました」など社員の日本語教育も毎週日本語レッスンを定期的に開催し，現在も行っています。

　仕入先についてはベトナムもカンボジアも同じですが，野菜は現地にいくらでもありますが，肉などのルートは最初にある程度確保できていないと事業にならないので，何度も品質を比べ業者の選定には細心の注意を払いました。

　あとは水にも特に注意をしています。浦江亭の水は，お客様に出すもの，料理に使用するもの，すべて有料のミネラルウォーターを使用しています。やはり発展途上国の水道水は匂いや成分も含め衛生面での心配があるので，すべての水を優良な水業者から購入し使用しています。

　また電気に関しては，カンボジアは日本やベトナムに比べて割高なので，ある程度の金額を覚悟する必要があります。

③ベトナムからカンボジアに進出していますが，隣国間の横展開の優位性をお教えください。

　ベトナムで育てた人材をカンボジアに派遣し労働を確保できることと，ベトナムやカンボジアで何か問題が起きた場合も，隣国なのですぐに飛んで行けることがメリットです。また，カンボジアの従業員をすでにオペレーションが確立しているベトナムで研修させることができます。また，材料もベトナムで仕入れているものを輸送し，カンボジアで使用してもさほどコストがかからないことからも，肉やその他の材料も隣国で横展開可能となっています。

④従業員の教育で大事にしていることをお教えください。

　まず，カンボジア人の良いところは国民性が素直であるところです。よくカンボジアでは怒りすぎたらショックでやめるといわれているのですが，私はそうは思わなくて，思いやりをもってアメとムチを与えればみんながついてきてくれると思っています。なので，できてないところがあれば本気で怒りますが，しっかり皆が目標を達成すれば，社員旅行や打ち上げなどを企画しご褒美をあげます。この教育に関しての考え方は，日本・ベトナム・カンボジアすべて同じスタンスで取り組んでいます。また，しっかりとポジションと昇給規程を定めていることです。しっかり仕事し目標を達成したスタッフにはポジションを昇格させ，昇給を行いモチベーションをあげてもらっています。そういった取り組みでスタッフが同じ方向に向かい一丸となっていくことが，何よりもみていて気持ちがいいんです。あとは，そこまでマニュアルをがちがちに固めないことです。最低限の基本は設定しますが，その国の文化や国民性があるので，ある程度は本人のパフォーマンスを出してもらって全然問題ありません。スタッフが楽しんで仕事をしていることが何よりも大事だと考えています。

⑤従業員のマネージャーレベルの給与と従業員の平均賃金をお教えください。

　マネージャーや料理長レベルは800〜1,000USドルです。マネージャー以下のスタッフは平均で150〜200USドルぐらいです。賃金に関しては昇給など

もあるので，今後は上がって行くかと考えています。ただ，カンボジアの他のローカルのお店とそこまで賃金面で特に優遇はしていません。ローカルと同じ賃金でもしっかりとした土台があれば人材は集まってきています。

⑥その他飲食業で進出される方に注意点などありましたらお教えください。

あげたらきりがないですが，価格設定をしっかり行い現地人に受け入れられることが重要になります。

原価率と利益率を考えながらも，現地の価格帯にあわせて行きます。浦江亭の平均客単価は1,500～2,000円です。また，外国人と現地人の比率は3対7で，カンボジア人の比率の方が圧倒的に多いです。これは現地の富裕層だけでなく，中間層なども客として取り込めている結果です。現地人をいかに顧客にするかが鍵となります。現地の人の平均月給，中間層や富裕層の月給を考えても決して客単価1,500～2,000円は手の届かない金額ではありません。月に数回でも浦江亭で御馳走を食べようと思って頂き，毎月来てもらえるような価格設定と雰囲気を目指しています。また，このスタンスも日本・ベトナム・カンボジアでも同じだと思います。日本で飲食で成功していない方がカンボジアに来ても成功しないと思います。どこでやるにしても，基本的なすべてのスタンスは，私は変わらないと思いますし，変えていません。逆にいえば，日本で成功している飲食業の方は，必ず本日お話した点に注意して進出すればカンボジアでも成功すると思います。

索　引

英語

Accommodation Tax ·················· 135, 179

Business Cooperation Contract（BCC）······ 29

Cambodian Special Economic Zone Board
　（CSEZB）································· 45
Certificate of dissolution ··················· 78
Certificate of Employment ·················· 99
Concession ··································· 73
Council for the Development of Cambodia
　（CDC）································· 44

Declaration of Companiy Opening ·········· 86
Domestically Oriented QIPs ················· 52
DOUBLE TAXATION AGREEMENTS ·· 186

Estimated Regime ·························· 137
Export Oriented QIPs ······················· 52

Fiscal Stamp Tax ····················· 134, 181

Kampuchea Institute of Certified Public
　Accountants and Auditors（KICPAA）··· 69

Labor Advisory Committee ················ 101

Ministry of Interior ·························· 84
Ministry of Land Management, Urban
　Planning and Construction ············· 70

National Social Security Fund ············ 113

Patent Tax ··························· 134, 181
Profit Tax ·································· 132
Property Transfer Tax ····················· 135
Provincial/Municipal Investment Sub-
　Committee（PMIS）····················· 44
Public Lighting Tax ······················· 177

Quolified Investment Project（QIP）····· 47, 143
Quota ······································· 87

Real Regime ························· 137, 141
Registration Tax or Property Transfer Tax
　··· 181

Salary Tax ································· 133
Shop-Steward ····························· 112
Slaughter Tax ····························· 135
Sole Proprietorship ························ 29
Specific Tax on Certain Merchandises and
　Services ································ 134
Stamp Tax ································ 134
Supporting Industry QIPs ················· 52

Tax on Immovable property ········ 135, 182
Tax on Means of Transportation　135, 182
Tax on Property Rental ··················· 134
Tax Stamps ······························· 182

Unused Land Tax ················· 135, 181

Value Added Tax ············ 41, 133, 152

Withholding Tax ·························· 132

237

あ

印紙税・・・・・・・・・・・・・・・・・・・・・・・・・・・・・・・・・・・・134, 182

営業登録・・38
永借権・・72
益金・・・141

か

皆勤手当・・・・・・・・・・・・・・・・・・・・・・・・・・・・・・・・・・・・・・・102
会計監査人・・・・・・・・・・・・・・・・・・・・・・・・・・・・・・・・・・・・・・69
外国人労働者・・・・・・・・・・・・・・・・・・・・・・・・・・・・・・・・・・・・83
外国税額控除・・・・・・・・・・・・・・・・・・・・・・・・・・・・・・・・・・149
外国法人・・26
解散証明書・・・・・・・・・・・・・・・・・・・・・・・・・・・・・・・・・・・・・・78
解散手続・・78
会社設立宣言・・・・・・・・・・・・・・・・・・・・・・・・・・・・・・・・・・・・86
会社定款・・29
課税所得・・・・・・・・・・・・・・・・・・・・・・・・・・・・・・・・・・・・・・・141
株主総会・・64
監査役・・68
間接税・・・136
看板税・・・・・・・・・・・・・・・・・・・・・・・・・・・・・・・・・・・・134, 181
カンボジア開発評議会（CDC）・・・・・・・・・・・・・・・44
カンボジア経済特別区委員会（CSEZB）・・・・・・45
カンボジア公認会計士・監査士協会
　（KICPAA）・・・・・・・・・・・・・・・・・・・・・・・・・・・・・・・・・・・69
カンボジア労働諮問委員会・・・・・・・・・・・・・・・・・・101

基本定款・・29
虐殺税・・・135
給与税・・・・・・・・・・・・・・・・・・・・・・・・・・・・・・・・・・・・133, 158
居住および通勤手当・・・・・・・・・・・・・・・・・・・・・・・・・・・103
居住者・・・・・・・・・・・・・・・・・・・・・・・・・・・・・・・・・・・・140, 159

区分所有・・77
経済的土地コンセッション・・・・・・・・・・・・・・・・・・・・・74
経済特別区（特区）・・・・・・・・・・・・・・・・・・・・・・・・・・・・58
月次申告・・・・・・・・・・・・・・・・・・・・・・・・・・・・・・・・・139, 187
欠損・・・171
健康手当・・・・・・・・・・・・・・・・・・・・・・・・・・・・・・・・・・・・・・103
源泉徴収税・・・・・・・・・・・・・・・・・・・・・・・・・・・・・・・132, 145
現地法人・・・・・・・・・・・・・・・・・・・・・・・・・・・・・・・・・・・23, 26

公開有限責任会社・・・・・・・・・・・・・・・・・・・・・・・・・・・・・・26
公共照明税・・・・・・・・・・・・・・・・・・・・・・・・・・・・・・・・・・・177
国土管理・都市計画・建設省・・・・・・・・・・・・・・・・・・70
国内志向型QIP・・・・・・・・・・・・・・・・・・・・・・・・・・・・・・・・52
個人事業主・・・・・・・・・・・・・・・・・・・・・・・・・・・・・・・・・・・・29
国家社会保険基金（NSSF）・・・・・・・・・・・・・・・・・113
個別労働争議・・・・・・・・・・・・・・・・・・・・・・・・・・・・・・・・・123
雇用証明書・・・・・・・・・・・・・・・・・・・・・・・・・・・・・・・・・・・・99
コンセッション・・・・・・・・・・・・・・・・・・・・・・・・・・・・・・・・73

さ

最高裁判所・・・・・・・・・・・・・・・・・・・・・・・・・・・・・・・・・・・・・19
最低賃金・・・・・・・・・・・・・・・・・・・・・・・・・・・・・・・・・・・・・・100
残業手当・・・・・・・・・・・・・・・・・・・・・・・・・・・・・・・・・・・・・103

ジェネラル・パートナーシップ・・・・・・・・・・・・・・・・29
時間外労働・・・・・・・・・・・・・・・・・・・・・・・・・・・・・・・・・・・105
事業協力契約（BCC）・・・・・・・・・・・・・・・・・・・・・・・・・29
事業所税・・・・・・・・・・・・・・・・・・・・・・・・・・・・・・・・・・・・・134
事業所登録税・・・・・・・・・・・・・・・・・・・・・・・・・・・・・・・・181
事前通知・・・・・・・・・・・・・・・・・・・・・・・・・・・・・・・・・・・・・・94
実態管理様式・・・・・・・・・・・・・・・・・・・・・・・・・・・136, 137
私的有限責任会社・・・・・・・・・・・・・・・・・・・・・・・・・・・・・26
支店・・・・・・・・・・・・・・・・・・・・・・・・・・・・・・・・・・・・・・・23, 25

児童労働	85
事務協力契約	23
社会的土地コンセッション	73
社会福祉・労働・商業訓練・青年リハビリテーション省	85
社会保障制度	113
州・特別市投資小委員会（PMIS）	44
従業員割り当て	87
就業規則	128
集団労働争議	123
宿泊税	135, 179
出産休暇	108
使用・開発・探査コンセッション	75
試用期間	91
商号の使用可能確認	38
上訴裁判所	19
譲渡税	135
推定管理様式	136, 137
裾野産業QIP	52
ストライキ	126
正規雇用	91
税務調査	183
損金	142

た

駐在員事務所	23, 24
仲裁制度	22
長期賃貸借（期間の定めのない）	72
直接税	136
賃金の控除	104
賃貸税	134, 180

投資禁止分野	45
投資優遇措置（QIP）	47
登録税・資産譲渡税	181
特定商品・サービス税	134
特別休暇	108
特別決議	65
特別減価償却	52
特別償却	171
特別税	175
土地委員会	70
取締役	67
取締役会	68

な

内国法人	26
内務省	84
二重課税防止条約	186
ネガティブリスト	48
年金	116
年功手当	102
年次申告	139
年次有給休暇	107

は

バーチャルオフィス	29
パートナーシップ	23
パートナーシップ	29
配当	64
破産手続	79
非居住者	141, 159

非正規雇用································91
病気休暇·······························108

付加価値税（VAT）···············41, 133, 152
付加価値税（VAT）登録················41, 133
不可抗力······························96
付属定款·····························29
普通決議·····························65
不動産保有税·····················135, 182
プノンペン第一審裁判所·················19

法人所得税··························132
法人税免除··························51

ま

前払法人税·························143

未開発土地保有税···················181
未開発の土地保有税·················135
見習い契約者······················92
ミニマム税·························143

無期賃貸借·························72

無期労働契約························90

や

夜間労働···························106

有機賃貸借·························72
有期労働契約······················90
優遇措置非適格プロジェクト··········48
輸出関税··························175
輸出志向型QIP······················52
輸送税·······················135, 182
輸入関税··························174

ら

リミテッド・パートナーシップ········29

労働許可証························84
労働災害·························117
労働災害給付金···················115
労働者代表······················112
労働仲裁························125
ロックアウト····················126

【著者紹介】（執筆順）

藪本　雄登（やぶもと　ゆうと）〔序章，第1章，第2章〕
JBL MEKONG（旧JB Legal Consultancy）代表
　中央大学法学部・首席卒業。大学時代より東南アジア法を専門的に研究。国際労働法（ILO法）の研究を通じて，カンボジア労働法に関心を持ち，2011年よりカンボジアに常駐し，カンボジア法の研究を開始する。投資法務，会社法務，労務，知的財産，紛争解決など数多くのカンボジア国内案件を取り扱う，カンボジア法務，労務のパイオニア的存在。カンボジア在住での数年に渡る業務経験をもとに，現在ではラオスにも法律家ネットワークを広げ，新興メコン諸国法務全般に従事する。新興メコン地域への進出戦略の策定，進出時のリーガルフォロー，紛争発生時の対応等を執り行う。
　現在，日系公的機関，大手金融機関，大手製造企業，大手小売業，大手不動産開発業者，大手金融機関など幅広い業種の法務顧問として業務に従事する。
［主な著書］
「カンボジア税法」，「カンボジア会社法」，「カンボジア関税法」，「カンボジア労働法」，「カンボジア商標法」，「カンボジア環境法」，「カンボジア会計業法」，「カンボジア工場および工芸品の管理に関する法律」〔以上，日本語訳〕，「カンボジア労務マニュアル（第2改訂版）」（いずれも日本貿易振興機構（JETRO）のウェブサイトに掲載），ほか。

夏山　宗平（なつやま　しゅうへい）〔序章，第3章，補章〕
SkyLimited Group 代表，SkyLimited株式会社 代表取締役
S.L Japan Development CO., LTD Managing Director
SKY ACCOUNTING LIMITED（Hong Kong）Managing Director
　高校中退後イギリスに留学，立命館大学経営学部卒業後，有限責任監査法人トーマスに入所。上場企業・非公開会社の監査業務に従事する。2008年に独立し会計サービスを軸としたコンサルティング会社SkyLimited株式会社を立ち上げる。その後，大阪・東京を拠点にSkyLimited税理士法人や相続税専門センターの立ち上げに参画。大手から中小まで幅広い顧問先にアドバイザリーサービスを行う。2012年アジア第一拠点としてカンボジア・プノンペンに進出，その後香港にも進出し，上場企業から中小企業まで幅広い企業に対してアジア進出を支援。現在に至る。

芝　清隆（しば　きよたか）〔序章，第3章，補章〕
公認会計士・税理士，SkyLimited税理士法人 代表社員
SkyLimited Accounting（Cambodia）Co., Ltd. C.E.O.
SKY ACCOUNTING LIMITED（Hong Kong）Director
　甲南大学理工学部卒業後，公認会計士試験に合格し有限責任 あずさ監査法人に入所。上場企業・非上場企業の監査業務及び数々のアドバイザリー業務や上場支援やIFRS構築支援など各種業務に従事する。SkyLimited株式会社の立ち上げに参画し，その後SkyLimited 税理士法人の代表社員として100社を超える税務顧問やアドバイスを実施。アジア拠点としてSkyLimited Accounting（Cambodia）Co.,Ltd.を立ち上げ，自ら代表に就任しプノンペンに移住。日系企業に限らず大企業から中小企業まで幅広い会社に対して会計・税務スキームの構築から会計記帳や税務顧問及びアドバイザリーサービスを行っている。特に国際税務・会計に強く，カンボジアで唯一公認会計士・税理士が常駐する会計事務所を運営しており，進出企業に対して進出支援・会計・税務・管理サービスを実施している。

【会社紹介】
SkyLimited 税理士法人

　日系企業に対する会計・税務・労務などの幅広いサービスを提供。監査法人出身者や大手の税理士事務所出身者が集いクライアントの立場に立った「クオリティ・スピード・ワンストップ」サービスをモットーに実績を重ねる。近年ではアジア展開を目指す企業への国際会計・税務サービスや進出に関する支援業務サービスの提供を開始。日本からカンボジアや香港へ進出する日系企業を対象とする。

　グループ企業であるSkyLimited Accounting (Cambodia) Co.,Ltd.には現地常駐の日本人公認会計士・税理士が在籍し，主にカンボジアへ進出する日系企業クライアントに対して，月次申告や年次申告のアドバイザリー業務を提供している。顧問企業の約3割が日本の上場企業で，二国間業務に求められる英文財務諸表，日本語訳の日本式報告にも対応。日本とアジアに事業展開する日系企業の会計制度や申告の相違点を含めたクロスボーダー案件を得意とする。

　製造業におけるコスト削減傾向，税制，地理的要因，海外販路開拓など，様々な周辺環境が変化する昨今，アジアでの工場設立，現地市場を視野にいれた日本企業の進出が益々増加。これらのニーズをいち早く察知し，日本とアジアの架け橋となるべく会計・税務・法務面から高品質のサービス提供。日系企業のグローバル化に真に貢献出来る，グローバル専門集団として高付加価値の提供を目指す。

【連絡先】
〔日本〕06-6940-6110　　〔カンボジア〕+855-(0) 92-786-540
mail@skylimited.jp

JBL MEKONG（旧JB Legal Consultancy）

　2011年設立。カンボジア国内にて法務コンサルティング，コーディネーション業務を行う。「現場に根付いた最高のリーガルサービスを，泥臭く，スピーディ，リーズナブルに」が基本理念。カンボジアでは，会社設立，駐在員設立，支店設立，各種許認可取得や各種契約交渉代行，契約書面作成など圧倒的な実績数を有する。

　カンボジア，ラオスという新興メコン諸国では法律と運用の間に必ず乖離がある。こうした国での事業進出，展開を成功させるためには，現地に根づいた日本人法律家の知識・経験と現地法律家の強固なネットワークを土台としたリーガルサービスの活用が必要不可欠。JBL MEKONGは，日本の意欲ある若手法律家と共に，カンボジアやラオスなど新興メコン地域にて現地密着型リーガルサービスを展開し，今までにない新しい価値を提供し続けている。

【連絡先】
〔カンボジア〕+855-(0) 23-640-5621 / info@jblcambodia.com

〈章扉・写真撮影〉
木村　彩湖
吉野　華代

平成26年3月25日　初版発行		《検印省略》 略称：カンボジア

カンボジア進出・展開・撤退の実務
―投資・労働法務，会計税務―

著者 ©	夏芝藪本	山　宗　平 清　隆 雄　登
発行者	中島	治久

発行所　同文舘出版株式会社

東京都千代田区神田神保町1-41　　　〒101-0051
電話　営業(03)3294-1801　　　　　編集(03)3294-1803
振替 00100-8-42935　　　　　　　http://www.dobunkan.co.jp

Printed in Japan 2014　　　　　　　製版：一企画
　　　　　　　　　　　　　　　　　印刷・製本：三美印刷

ISBN 978-4-495-19951-7

JCOPY 〈(社)出版者著作権管理機構 委託出版物〉
本書の無断複写は著作権法上での例外を除き禁じられています。複写される場合は，そのつど事前に，(社)出版者著作権管理機構 (電話 03-3513-6969、FAX 03-3513-6979、e-mail: info@jcopy.or.jp) の許諾を得てください。